GW00643081

LA VOZ LATINA

CHORAL MUSIC FROM LATIN AMERICA · MÚSICA CORAL DE LATINOAMÉRICA · CHORMUSIK AUS LATEINAMERIKA

Volume 2: Argentina, Chile, Uruguay, Bolivia, Peru

edited by / editado por / herausgegeben von

Werner Pfaff · Javier Zentner

EDITION PETERS

LEIPZIG · LONDON · NEW YORK

Cover design: Goscha Nowak

Cover-images: Machu Picchu © Adobe Stock, D'July; Mola © iStock, NNehring

Translation piece introductions and lyrics Spanish–English: Janet L. Sturman
Translation piece introductions Spanish–German: Gabriele Suck
Translation lyrics Spanish–German: Sabrina Quintero (No. 1–9, 11, 13,14), Mario Díaz Gavier (No. 10, 12, 15)

Music engraving: Juan María Solare

ISMN 979-0-014-11935-5

Printed by Halstan & Co., Amersham, Bucks, UK.

Contents · Contenido · Inhalt

Preface

The advantage of living in a globalized world is that it is becoming ever easier for us to draw closer to one another, to improve our knowledge and understanding of other cultures. Thus an increasing number of choral directors are discovering the choral music of Latin America – vital, multifaceted, elemental and conspicuous for its distinctive rhythms. After Scandinavia and the Baltic States, Latin American choral music has the potential to become the new and enriching ingredient in concert programmes.

Few Latin American works are known outside that part of the world in which they originated, however, and there is the additional problem of accessibility. This collection is therefore based on my own personal contacts – going back many years – with choirs and ensembles throughout the region. Since 1989 I have been touring Latin America on a regular basis and I return from each trip with new scores, mostly of pieces I have heard performed live by Latin American choirs or have discovered from wonderful, authoritative recordings recommended to me by colleagues over there.

For the two volumes of *La voz latina* we have selected only pieces that have undergone 'trial by choir' and that I have successfully rehearsed and directed myself – whether with my choir Studio Vocale or with one of many other amateur or professional choirs in Germany, Europe or even (for example) Japan or Singapore. We are not, therefore, claiming that the selection of pieces in these volumes covers every region and country of Latin America comprehensively, systematically and evenly. Rather, it should be seen as a personal 'hit list' of Latin American choral settings representing the wide range of rhythms and styles characteristic of the region and offering choirs from other cultural backgrounds a repertoire capable of enthusing singers and audiences with its striking works – sometimes spirited, sometimes deeply moving.

I would like to assure all choral directors that there is absolutely no need for any apprehension where this – albeit for many thoroughly unfamiliar – music is concerned. Thanks to my practical experience of working with choirs, I am fully cognizant of the type of problem that can arise in getting to grips with the rhythms and language and so on, and in these volumes we have tried to provide as many hints and tips as possible.

The music of Latin America has three main historical roots. These vary in their relative weighting from region to region, and to some extent have become commingled over the course of time:

• The music of the Indios, that is to say the inhabitants of the Andean plateau known as the Altiplano, the Incas, the Maya, the Mapuche and so on, not forgetting the people of the Amazon region and other virgin forest areas;
• The music of African cultures, introduced by the African slaves that were transported to almost every country in Latin America;
• The music of the European immigrants and conquerors, in particular from Spain and Portugal, but also from Italy and other countries.

Present-day Latin American music continues to display the *música popular* influence of the so-called 'cantautores' (singersongwriters), who fulfilled an important protest role, above all during the era of the military juntas. They enjoyed enormous popularity and helped to boost the morale of the population. The much-loved choral versions of this repertoire are mostly by arrangers rather than by the cantautores themselves.

An explanation of the main influences and rhythms of each work is provided in the form of short introductions by Javier Zentner, a composer and choral director from Buenos Aires and co-editor of this volume. In some cases, rhythmic examples are also supplied. These are to be understood as patterns – of which in some cases multiple variants exist – deriving from the relevant folk tradition. These folk traditions often presuppose a combination of song and dance. The ad lib. use of typical percussion instruments is also possible and can help to underscore the particular colour of a piece, even where they are not stipulated by the author.

In the main, Latin American composers and arrangers use performance indications sparingly because Latin American choirs generally feel at home in the idiom and are instinctively able to convey it correctly. It is perfectly usual for the choral settings to be freely interpreted in accordance with personal feeling where tempo and agogics are concerned.

It is helpful for non-Latin Americans to listen to reference recordings. They provide us with a lot of additional performance aids and can be of great use with rhythm, phrasing, dynamics and linguistic articulation. To this end, the publisher has provided links to recordings by local ensembles. Also available online are recordings of spoken lyrics that will help Spanish and Portuguese pronunciation. A printed pronunciation guide is available in the book, as are English and German translations of the lyrics.

A note on conducting the works in *La voz latina*. Simultaneous duplets and triplets (often notated as 3/4 against 6/8) are commonly found, as are frequent changes of meter with groups of two and three notes. Useful here are gestures that incorporate elements of both, or the development of dance-like body movements that complement the gesture. Alternatively, one hand can beat 6/8 in a two-pattern while a vertical 3/4 is marked with the other, at least in rehearsal, until the choir is rhythmically secure. It can also be helpful to watch Latin American conductors on YouTube or elsewhere.

La voz latina contains works of every level of difficulty. I hope the collection will provide many new and enriching stimuli in terms of repertoire and that choirs will both acquire a taste for this unique music and be enthused and inspired by it.

Werner Pfaff, November 2017
(Translation: Richard George Elliott)

Edition Peters 11425

Prefacio

La ventaja de vivir en un mundo globalizado es que cada vez resulta más fácil acercarnos unos a otros y conocer y entender mejor otras culturas. Así, son cada vez más los directores y directoras de coro que descubren la música coral latinoamericana, una música muy variada, llena de vitalidad y cercana a la esencia que destaca por sus marcados ritmos. Tras la procedente de los países escandinavos y del Báltico, la música coral latinoamericana tiene potencial suficiente como para convertirse en el nuevo elemento que enriquecerá los programas de nuestros conciertos.

No obstante, hasta ahora, fuera de Latinoamérica prácticamente no se conocen obras corales originarias de esos países, o bien resulta difícil acceder a ellas. Así, esta recopilación se nutre del contacto personal que vengo manteniendo desde hace años con coros y agrupaciones de toda Sudamérica. Desde 1989 viajo periódicamente por el continente latinoamericano y traigo siempre nuevas partituras, sobre todo de piezas que tengo la ocasión de escuchar en directo a coros locales o de fantásticas grabaciones de referencia que me recomiendan mis colegas de allí.

Para los dos volúmenes de *La voz latina* hemos seleccionado exclusivamente composiciones que han dado buen resultado al ser interpretadas por coros y que yo mismo he ensayado y dirigido, bien con mi coro Studio Vocale, o bien con muchos otros coros amateur y profesionales en Alemania y Europa, pero también en Japón o Singapur. La selección realizada para estos dos volúmenes no pretende abarcar de forma exhaustiva ni sistemática todas las áreas y países del continente por igual. Se trata, más bien, de una «lista de éxitos» con mis partituras corales favoritas de Latinoamérica que refleja el amplio espectro de ritmos y estilos típicos de esos países y, al mismo tiempo, quiere brindar a coros de otras culturas un repertorio que, con sus eficaces piezas (a veces, con gran temperamento, a veces, profundamente conmovedoras), seguro despertará el entusiasmo de cantantes y público.

Quiero asegurarles a todos los directores y directoras de coro que, aunque esta música seguramente resulte para muchos poco familiar, ese miedo que a veces tenemos a lo desconocido es, en este caso, totalmente infundado. Por la experiencia que he ido acumulando en la práctica, conozco bien los típicos problemas que se pueden dar en el proceso de asimilación de los ritmos y la lengua, por lo que hemos prestado especial atención a incluir en estos dos volúmenes todos los consejos posibles.

Históricamente, la música de Latinoamérica bebe fundamentalmente de tres fuentes cuyo peso varía en función de la región y que, con el paso del tiempo, también se han ido entremezclando:

- La música de los pueblos indígenas, es decir, de los habitantes del Altiplano andino, como los incas, los mayas y los mapuches, y de la Amazonia y otras regiones de selva virgen.
- La música de las culturas africanas, traída por los esclavos de ese continente, que fueron llevados por la fuerza a prácticamente todos los países de Latinoamérica.
- La música de los inmigrantes y conquistadores europeos, en particular de España y Portugal, pero también de Italia y otras naciones.

La música latinoamericana actual también presenta influencias de la música popular de los «cantautores», cuyo importante papel de protesta ante la situación política se observa, sobre todo, en la época de las juntas militares. Gozaban de una extraordinaria popularidad y constituían una especie de pilar moral para el pueblo. No obstante, la mayoría de las conocidísimas versiones corales de este repertorio no son de los propios cantautores, sino de arregladores.

En las breves introducciones que acompañan a cada pieza y que han sido redactadas por Javier Zentner, compositor, director de coro de Buenos Aires y coeditor de este libro, se explican las influencias y ritmos predominantes en cada una de las composiciones. En algunos casos también hemos incluido ejemplos rítmicos como patrones básicos derivados del folclore de cada región, de los cuales puede haber diferentes versiones. Por «folclore» se entiende aquí, muchas veces, la fusión de canto y baile. Aunque el autor no haya previsto expresamente su uso, también se pueden emplear ad líbitum instrumentos de percusión típicos para resaltar de forma eficaz el colorido de las obras.

La mayoría de los compositores o arregladores latinoamericanos suelen ser muy parcos a la hora de dar indicaciones con respecto a la interpretación, pues, por lo general, los coros de allí conocen bien el estilo y, por tanto, lo aplican como corresponde de forma instintiva. Además, es bastante usual que interpreten las piezas corales libremente y a su propio gusto respecto al tempo y a la agógica.

De ahí que a quienes no somos latinoamericanos nos sea de gran ayuda escuchar grabaciones de referencia, pues nos dan muchos indicios adicionales acerca de la interpretación, ritmo, fraseo, dinámica y articulación vocal. En su sitio web, la editorial pone a disposición una serie de enlaces a grabaciones de agrupaciones locales. Además de las letras de las canciones en su idioma original, el libro también incluye traducciones al inglés y al alemán. Una guía general de pronunciación así como grabaciones de las letras leídas facilitan aún más el aprendizaje de la pronunciación del español y del portugués.

Una observación acerca de cómo dirigir estas obras: es muy frecuente la aparición simultánea de dosillos y tresillos (que, en la notación, suele presentarse con un compás de 3/4 contra 6/8) y el constante cambio de compases con agrupaciones de dos y de tres notas. Para dirigir esto, puede ser de ayuda recurrir a gestos que indiquen ambos tiempos o a un movimiento corporal a modo de baile que complemente el gesto o bien marcar con una mano el compás de 6/8 con un movimiento binario y con la otra el de 3/4, al menos en los ensayos, hasta que el coro se sienta seguro con el ritmo. Asimismo, también puede ser de ayuda observar a directores latinoamericanos en YouTube o por otros medios.

El abanico de piezas de *La voz latina* abarca todos los niveles de dificultad. Espero que en esta colección encuentren numerosas ideas para enriquecer su repertorio. ¡Ojalá logre despertar la curiosidad y el gusto de muchos coros por esta música tan singular, que terminará entusiasmándolos e inspirándolos.

Werner Pfaff, noviembre 2017
(Traducción: Judith E. Castro)

Vorwort

Der Vorteil einer globalisierten Welt ist, dass es für uns Menschen immer leichter wird, sich näher zu kommen, andere Kulturen besser kennen zu lernen und zu verstehen. So entdecken auch immer mehr Chorleiterinnen und Chorleiter die lateinamerikanische Chormusik, die so facettenreich, vital und elementar ist und sich durch ihre ausgeprägten Rhythmen auszeichnet. Nach den Bereichen Skandinavien und Baltikum hat die lateinamerikanische Chormusik das Potenzial, das neue bereichernde Element in den Konzertprogrammen zu werden.

Jedoch sind außerhalb Lateinamerikas bislang wenige Chorwerke dieses Kontinents bekannt oder aber schwer zugänglich. So beruht die vorliegende Sammlung auf meinen langjährigen persönlichen Kontakten zu Chören und Ensembles in ganz Südamerika. Seit 1989 bereise ich regelmäßig den lateinamerikanischen Kontinent und bringe von jeder Reise neue Partituren mit, meist von Stücken, die ich live von einheimischen Chören erleben konnte, oder von großartigen Einspielungen mit Referenzcharakter, die mir von den dortigen Kollegen ans Herz gelegt wurden.

Für die beiden Bände *La voz latina* wurden ausnahmslos Stücke ausgewählt, die sich in der Chorpraxis bewährt haben und die ich selbst erfolgreich einstudiert und dirigiert habe – sei es mit meinem Chor *Studio Vocale* oder mit vielen anderen Amateur- oder Profichören in Deutschland, Europa, aber z.B. auch in Japan oder Singapur. Die Auswahl der Titel erhebt demnach nicht den Anspruch, umfassend und systematisch alle Bereiche und Länder des Kontinents gleichmäßig abzudecken. Sie stellt vielmehr eine persönliche ‚Hitliste' an lateinamerikanischen Chorsätzen dar, die das breite Spektrum an landestypischen Rhythmen und Stilen repräsentiert und gleichzeitig Chören anderer Kulturräume ein Repertoire an die Hand gibt, das sowohl die Sänger als auch das Publikum mit ihren wirkungsvollen – mal temperamentvollen, mal tiefberührenden – Stücken begeistert.

Ich möchte allen Chorleiterinnen und Chorleitern versichern, dass mögliche Berührungsängste mit dieser sicher für viele recht fremden Musik völlig unnötig sind. Mir sind dank meiner Praxiserfahrung die typischen Probleme, die sich bei der Erarbeitung der Rhythmen, Sprache usw. ergeben können, durchaus vertraut, daher haben wir uns bemüht, in den vorliegenden Bänden möglichst viele Hilfen anzubieten.

Die Musik Lateinamerikas speist sich historisch hauptsächlich aus drei verschiedenen Wurzeln, die je nach Region unterschiedlich gewichtet sind und sich im Laufe der Zeit auch vermischten:

- Die Musik der Indios, d.h. der Bewohner des Altiplano genannten andinen Hochlandes, Inkas, Mayas, Mapuche usw. sowie des Amazonasgebietes und anderer Urwaldregionen;
- Musik afrikanischer Kulturen, eingeführt von den afrikanischen Sklaven, die quasi in alle Länder Lateinamerikas verschleppt wurden;
- Musik der europäischen Einwanderer und Eroberer, insbesondere aus Spanien und Portugal, aber auch Italien und anderen Ländern.

Die gegenwärtige lateinamerikanische Musik kennt noch den Einfluss der Música Popular der sogenannten „cantautores" (Singer-Songwriter), die vor allem in den Zeiten der Militärjuntas eine wichtige politische Protestfunktion hatten. Sie genossen eine außerordentliche Popularität und gaben der Bevölkerung so etwas wie ein moralisches Rückgrat. Die äußerst beliebten Chorversionen dieses Repertoires stammen jedoch in der Regel nicht von den Cantautores selbst, sondern von Arrangeuren.

Welche Einflüsse und Rhythmen bei den jeweiligen Stücken vorherrschen, erfährt man in den kurzen Werkeinführungen, die Javier Zentner, Komponist und Chorleiter aus Buenos Aires und Mitherausgeber dieses Bandes, zu jedem Stück verfasst hat. In einigen Fällen sind auch Rhythmusbeispiele beigefügt. Sie sind lediglich als Muster zu verstehen, die aus der jeweiligen Folklore abgeleitet sind, von denen aber in einigen Fällen mehrere Varianten existieren. Folklore meint hier oftmals eine Verbindung von Gesang und Tanz. Auch die Verwendung von typischen Perkussionsinstrumenten ist ad libitum möglich und kann das Kolorit hilfreich untermalen, auch wenn der Autor deren Einsatz nicht explizit vorschreibt.

Überhaupt gehen die meisten lateinamerikanischen Komponisten oder Arrangeure äußerst sparsam mit Interpretationsangaben um, da lateinamerikanische Chöre sich in der Regel in der Stilistik zu Hause fühlen und diese instinktiv richtig umsetzen. Es ist durchaus üblich, die Chorsätze hinsichtlich Tempo und Agogik nach eigenem Empfinden frei zu interpretieren.

Umso hilfreicher ist es für Nicht-Lateinamerikaner, sich Referenzaufnahmen anzuhören. Sie geben uns viele zusätzliche Interpretationshilfen und können uns hinsichtlich Rhythmus, Phrasierung, Dynamik und der sprachlichen Artikulation von großem Nutzen sein. Der Verlag stellt Links zu Aufnahmen lokaler Ensembles online zur Verfügung. Außerdem sind im Band neben der Originalsprache auch jeweils eine englische und deutsche Übersetzung der Liedtexte abgedruckt. Allgemeine Aussprachehilfen sowie Aufnahmen des gesprochenen Textes bieten eine weitere Hilfestellung beim Erlernen der spanischen bzw. portugiesischen Aussprache.

Ein Hinweis noch zum Dirigat: Typisch und häufig ist die Gleichzeitigkeit von Duolen und Triolen (oft als 3/4-Takt gegen 6/8-Takt notiert) oder der häufige Wechsel von Takten mit Zweier- und Dreiergruppen. Hier kann eine Gestik helfen, die andeutungsweise beides enthält, oder man findet eine tanzende, komplementäre Körperbewegung zur Gestik oder schlägt mit einer Hand den 6/8-Takt als Zweier-Figur und markiert mit der anderen vertikale 3/4, zumindest in der Probe, bis der Chor rhythmisch sicher ist. Hilfreich kann auch das Beobachten von lateinamerikanischen Dirigenten auf YouTube oder anderswo sein.

La voz latina bietet Repertoire für alle Schwierigkeitsgrade. Ich hoffe, dass diese Sammlung viele bereichernde Impulse für das Repertoire geben wird, und wünsche mir, dass viele Chöre auf den Geschmack kommen und sich von dieser einzigartigen Musik begeistern und inspirieren lassen.

Werner Pfaff, November 2017

Acknowledgements

I would like to thank Edition Peters, which has thrown its support behind this literature, with all my heart. In particular, I wish to thank Hermann Eckel for his vision of a *La voz latina* collection and Sabrina Quintero for her excellent and expert collaboration and abundant creative input. My gratitude also goes to Roland Erben and his team for the music engraving, layout and proofreading, in particular to Juan María Solare.

I would also like to say a very special "thank you" to my Argentinian friend and co-editor Javier Zentner. To this album he has contributed not only his immense knowledge, but also three wonderful pieces as composer and arranger.

Werner Pfaff, November 2017
(Translation: Richard George Elliott)

Agradecimientos

En primer lugar, quisiera agradecer de corazón a la editorial Peters el apoyo prestado para la publicación de esta recopilación. En particular, quiero expresar mi agradecimiento a Hermann Eckel, por la idea inicial de crear esta la colección *La voz latina,* y a Sabrina Quintero por su maravillosa y muy competente colaboración y la enorme creatividad que ella ha aportado. Asimismo, me gustaría dar las gracias a Roland Erben y al resto de los trabajadores encargados de la edición de las partituras, la maquetación y las correcciones, en particular a Juan María Solare.

Por último, quiero mostrar mi especial agradecimiento a mi amigo argentino Javier Zentner, coeditor de esta recopilación y quien le ha aportado sus vastos conocimientos, además de, en calidad de compositor y arreglador, tres maravillosas obras.

Werner Pfaff, noviembre 2017
(Traducción: Judith E. Castro)

Danksagung

Dank sagen möchte ich von Herzen dem Verlag Edition Peters, der sich für diese Literatur stark gemacht hat. Insbesondere Hermann Eckel danke ich für die Vision einer *La voz latina*-Sammlung sowie Sabrina Quintero für die wundervolle und sehr kompetente Zusammenarbeit mit vielen kreativen Impulsen. Ein Dankeschön geht an Roland Erben und die übrigen Mitarbeiter für Notensatz, Layout und Korrekturen, insbesondere Juan María Solare.

Ein ganz besonderer Dank geht an meinen argentinischen Freund und Mitherausgeber Javier Zentner, der sein immenses Wissen in diese Sammlung einfließen ließ und darüber hinaus als Komponist und Arrangeur drei wunderbare Stücke beigesteuert hat.

Werner Pfaff, November 2017

1. Naranjitay

The song *Naranjitay*, an example of the genre known as *huayno* (or *carnavalito)*, belongs to the so-called 'folklore of the Altiplano'. This region was under Incan control before the Spanish conquest and includes areas of north-west Argentina, the Bolivian and Peruvian Andes, and northern Chile.

Huayno (or *carnavalito*) refers to the musical genre that accompanies the dance of the same name and is played at carnival celebrations and other community festivities. The duple metre which underpins the couples' dance moves takes two basic forms in the percussive accompaniment and/or in the melodic cells (see musical example).

Although widely considered an anonymous popular song, *Naranjitay* – one of the most frequently played works of its genre among musicians performing this kind of repertoire – is in fact registered with the Society of Authors of Argentina in the name of the folklorist Sergio Villar (1914–1955). Some of his most famous compositions (including *Naranjitay* and the zamba *La Donosa*) were recorded during the 1950s and 1960s by the legendary folk ensemble Los Chalchaleros from the city of Salta.

El *huayno* (o *carnavalito*) «Naranjitay» se encuadra en lo que denominamos «folklore del Altiplano». Esta zona, de influencia incaica antes de la conquista por parte de los españoles, abarca zonas del noroeste de Argentina, zona cordillerana de Bolivia y Perú y norte de Chile.

El *huayno* (o *carnavalito*) es la música que acompaña la danza respectiva, tanto en la celebración del carnaval como, por extensión, en el desarrollo de fiestas comunitarias. El ritmo binario acompaña el salpicado de las parejas, con dos formas básicas de subdivisión en la percusión de acompañamiento y/o en las células melódicas (vea el ejemplo musical).

Conocida mayoritariamente como obra popular anónima, «Naranjitay» – que es una de las obras de su tipo más frecuentadas en los repertorios de los músicos que transitan estos géneros – aparece registrada en la Sociedad de Autores de la Argentina a nombre del folklorista Sergio Villar (1914–1955). Algunas de sus composiciones más recordadas (además de «Naranjitay», la zamba «La Donosa», entre otras), fueron grabadas por el mítico conjunto folklórico salteño Los Chalchaleros en las décadas de '50 y el '60 del siglo XX.

Der *Huayno* (oder auch *Carnavalito*) *Naranjitay* gehört zur sogenannten „Folklore des Altiplano". Diese Hochebene, die vor der Eroberung durch die Spanier dem Gebiet der Inka angehörte, erstreckt sich über den Nordwesten Argentiniens und die Kordillerenzone von Bolivien über Peru bis nach Nordchile.

Huayno (oder *Carnavalito*) bezeichnet die Musik zum gleichnamigen Tanz, die zur Feier des Karnevals, aber auch bei Gemeinschaftsfesten gespielt wird. Die musikalische Grundlage für die Tanzbewegungen der Paare bildet ein 2/4-Takt, der in der Begleitperkussion und/oder den melodischen Zellen in zwei Ausprägungen begegnet (siehe Notenbeispiel).

Naranjitay ist im Repertoire der Musiker, die sich der Verbreitung volkstümlicher Gattungen widmen, eines der am häufigsten gespielten Stücke seiner Art und gilt weithin als anonymes Volkslied, ist jedoch beim Verband der argentinischen Autoren als Werk des Folkloristen Sergio Villar (1914–1955) verzeichnet. Zusammen mit anderen seiner bekanntesten Kompositionen (darunter die Zamba *La Donosa*) wurde *Naranjitay* in den 1950er und 1960er Jahren von dem berühmten argentinischen Folkloreensemble Los Chalchaleros aus Salta eingespielt.

Huayno

Naranjitay

Naranjitay pinta pintitay
Naranjitay pinta pintita, o yes!
I must steal you from your country house,
If not this sweet night
Then tomorrow in the sweet morning, o yes!

From the distance one can spot on you,
From the distance one can spot on you, o yes,
The edge of your lovely petticoat,
Making my mouth water
And my heart palpitate, o yes!

Your brothers, my brothers-in-law,
Your sisters, my sisters-in-law, o yes!
Your father shall be my father-in-law,
Your mother shall be my mother-in-law,
And you my dearest token, o yes!

Naranjitay

Naranjitay pinta pintitay
Naranjitay pinta pintita, ¡ay!
Te he de robar de tu quinta
si no es esta nochesita,
mañana por la mañanita, ¡ay!

A lo lejos se te divisa,
a lo lejos se te divisa, ¡ay!
la punta de tu enagüita,
la boca se me hace agüita
y el corazón me palpita, ¡ay!

Tus hermanos mis cuñaditos,
tus hermanas mis cuñaditas, ¡ay!
tu padre será mi suegro,
tu madre será mi suegra
y tú la prenda más querida, ¡ay!

Naranjitay

Naranjitay pinta pintitay
Naranjitay pinta pintita, o ja!
Ich muss dich aus deinem Landhaus stehlen,
wenn nicht schon dieses Nächtlein,
dann morgen im Morgenstündchen, o ja!

Aus der Ferne erspäht man an dir,
aus der Ferne erspäht man an dir, o ja!
den Saum deines Unterröckchens,
der Mund wird mir wässrig
und es klopft mir das Herz, o ja!

Deine Brüder meine Schwägerchen,
deine Schwestern meine Schwägerinnen, o ja!
Dein Vater soll mein Schwiegervater sein,
deine Mutter meine Schwiegermutter
und du mein liebstes Pfand, o ja!

Naranjitay

Taquirari boliviano tradicional

Trad. Bolivia
Arr.: Luis Craff

*) Deutsche Aussprache: sch k tsch k
English pronunciation: sh k ch k

Edition Peters 11425

Te he de ro-bar de tu quin-ta si no es es-ta no-che-ci-ta, ma-ña-na por la ma-ña-ni-

Te he de ro-bar de tu quin-ta si no es es-ta no-che-ci-ta, ma-ña-na por la ma-ña-ni-

Te he de ro-bar de tu quin-ta si no es es-ta no-che-ci-ta, ma-ña-na por la ma-ña-ni-

Te he de ro- bar de tu quin-ta si no es es-ta no-che-ci-ta, ma-ña-na por la ma-ña -ni-

-ta. A lo le - jos se te di-vi - sa, la lal la a lo le-

-ta. A lo le - jos se te di-vi - sa, la lal la a lo le-

-ta. dum dum dum ba-ra ba-ra di - vi - sa, la lal la a lo le-

-ta. tm tm tm tm tm di-vi - sa, la lal la a lo le-

Edition Peters 11425

Edition Peters 11425

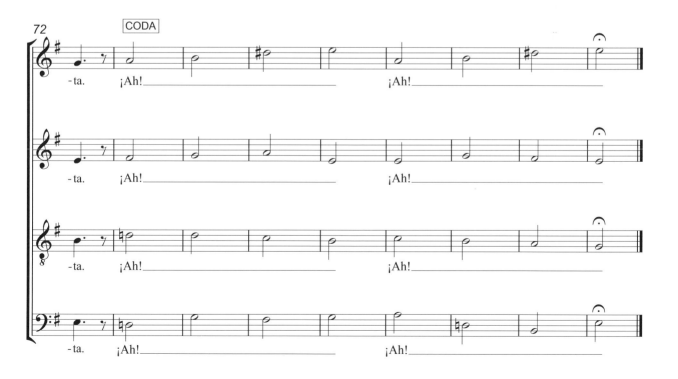

2. El alcatraz

As a traditional music genre, the *alcatraz* belongs to Afro-Peruvian culture, also referred to as 'Black Peru'. Various forms of song and dance, including the *alcatraz*, are seen to originate from 'Black Peru': the *festejo*, *zamacueca*, *marinera limeña* (also known as canto de jarana) and tondero, each of which developed in a different region of Peru.

The metre is compound quadruple, consisting of four dotted-crotchet beats, subdivided into twelve quavers. The dance is for couples during which the male and female dancers try to 'light the candle' that their companion carries.

The rhythmic foundation of the *alcatraz* is realized by the bass, the *cajón* (box drum) and the bell. Generally, the bass marks the first half of the 12/8 bar by sounding three crotchets, leaving the other half of the bar to the percussion. In effect, this pattern could also be defined as a constant alternation between 3/4 and 6/8 time.

All the genres that belong to Afro-Peruvian music have adopted elements of Spanish culture and indigenous traditions.

El *alcatraz* forma parte de la cultura del *Perú Negro*. Varias formas de canción y de danza están abarcadas por esta denominación: el *festejo*, la *zamacueca*, la *marinera limeña* o *canto de jarana*, el *tondero* y otras, desarrolladas en distintos lugares del Perú. «El Alcatraz» es una de ellas.

El compás básico es de 12 corcheas, subdivididas en cuatro pulsos. Es danza de parejas. En el curso de la coreografía, las bailarinas y bailarines intentan «prender la vela» que tiene su compañera o compañero.

La base musical del alcatraz la realizan el bajo, el cajón y la campana. Generalmente, el bajo marca la primera mitad del compás de 12/8 mediante el toque de tres sonidos con valor de negra, quedando la otra mitad del compás sólo con la percusión. También se podría definir como una alternancia de compases de 3/4 con compases de 6/8.

Todos los géneros que integran la música afroperuana están «acriollados» con elementos de la cultura española y la cultura de los pueblos originarios.

Der *Alcatraz* ist ein fester Bestandteil des „Perú negro", des Kulturerbes der schwarzafrikanischen Bevölkerung Perus. Diese Bezeichnung umfasst neben dem *Alcatraz* weitere Lied- und Tanzformen wie den *Festejo*, die *Zamacueca*, die *Marinera limeña* bzw. *Canto de jarana* und den *Tondero*, die sich in verschiedenen Regionen Perus entwickelt haben.

Der Grundtakt des *Alcatraz* besteht aus 12 Achteln, verteilt auf vier Schläge. Im Verlauf der Choreografie des Paartanzes versuchen die Tänzerinnen und Tänzer, „die Kerze zu entzünden", die ihre Tanzpartner halten.

Das rhythmische Grundgerüst des *Alcatraz* wird von Bass, Cajón (Kistentrommel) und Glocke gespielt. Dabei akzentuiert der Bass die ersten drei Viertel des 12/8-Taktes, während die zweite Takthälfte den Perkussionsinstrumenten vorbehalten bleibt. Dies lässt sich auch als ständiger Wechsel zwischen 3/4- und 6/8-Takt interpretieren.

Alle Gattungen der afro-peruanischen Musik sind mit Elementen der spanischen Kultur und der Tradition der peruanischen Ureinwohner durchmischt.

The Alcatraz[*]

To the sound of the drums
And the trumpets' rhythmic playing
You will light your candle
And don't you burn my buttocks,
Don't you burn me,
I will burn you alright,
You bet I will burn you,
You will not burn me.

Come on out, all you black cuties,
Come on out to the pampa.
Some come with their pickaxe,
Others come with their miner's shovel.

Don't you burn me,
I will burn you alright,
You bet I will burn you,
You will not burn me.
Now burn me already!

El alcatraz[*]

Al son de la tambora,
de clarines al compás,
encenderás tu vela,
a que no me quemas el alcatraz;
a que no me quemas,
sí te quemo,
a que yo te quemo,
no me quemas.

Salgan todos los negritos,
salgan todos a la pampa,
unos salen con su pico
y otros salen con su lampa.

Que no me quemas,
sí te quemo,
a que yo te quemo,
no me quemas.
¡Quema ya!

Der Alcatraz[*]

Zum Klang der Trommel,
der Trompeten im Takt,
entzündest du deine Kerze,
und dass du mir nicht den Hintern versengst,
dass du mich ja nicht versengst,
und ob ich dich versenge,
wetten, ich versenge dich,
du versengst mich nicht.

Kommt alle hinaus, ihr süßen Schwarzen,
kommt alle hinaus in die Pampa.
Einige kommen mit der Spitzhacke,
und andere mit ihrer Bergmannsschaufel.

Dass du mich nicht versengst,
und ob ich dich versenge,
wetten, ich versenge dich,
du versengst mich nicht.
Jetzt verseng mich schon!

[*] *Alcatraz* is a traditional music genre of the black population of Peru. The word has several different meanings two of which are playfully explored here: a type of South-American seabird; a euphemistic term for the buttocks ('acá atrás' = here back).

[*] *Alcatraz* es el nombre de un género musical del Perú negro. El autor juega con los diferentes significcdos de la palabra: el ave marina; un término eufemista para las nalgas («acá atrás»).

[*] *Alcatraz* ist eine traditionelle Musikgattung der schwarzen Bevölkerung in Peru. Das Wort wird hier spielerisch in mehreren Bedeutungen verwendet: südamerikanischer Seevogel; euphemistischer Ausdruck für das Gesäß („acá atrás" = hier hinten).

El alcatraz

Ritmo de festejo

Trad. Peru
Arr.: Luis Craff

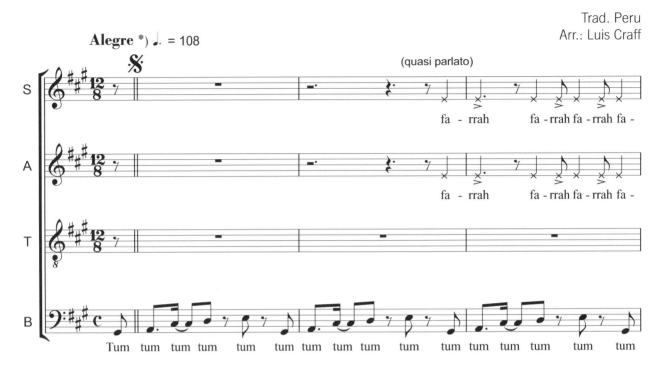

*) engl.: joyfully; dt.: fröhlich

Edition Peters 11425

 Edition Peters 11425

Edition Peters 11425

*) Improvisation between a man and a woman (repeat several times; S, A, T without the first note in bar 42).
Then D.S. (bars 1–43), followed by Coda.

Improvisación entre un hombre y una mujer (repetir varias veces, S, A, T sin la primera nota en el compás 42).
Luego D.S. (compases 1–43), seguido por Coda.

Improvisatorisches Spiel von einer Männer- und einer Frauenstimme (mehrmals wiederholen; S, A und T ohne die erste Note in T. 42).
Danach Dal Segno (Takt 1–43) mit anschließender Coda.

3. Te recuerdo Amanda

Te recuerdo Amanda is one of the best-known songs written by Víctor Jara (1932–1973). He was a formidable composer, cultural ambassador and a leading figure of the *Nueva canción* (New Song) movement in Chile, as well as founder of the group *Quilapayún* and a driving force in the policy areas of cultural education and preservation of musical heritage. He was assassinated by the Pinochet dictatorship in Chile's National Stadium during the first days following the September 1973 coup d'état.

The song was inspired by a young pair of workers that suffered under the poor working conditions of the 1960s and 1970s. By way of homage, however, Jara gave the song's protagonists the names of his parents (Amanda and Manuel).

Many choral versions of this song have been performed by choirs throughout Latin America. This anthology features the version by Eduardo Gajardo, a notable Chilean director and composer.

Te recuerdo Amanda» es una de las más conocidas canciones creadas por Víctor Jara (1932–1973). Víctor Jara fue un importantísimo compositor y gestor cultural, motor del Movimiento de la Nueva Canción en Chile, fundador del grupo *Quilapayún*, impulsor de políticas de socialización cultural y defensa del patrimonio musical. Víctor Jara fue asesinado por la dictadura de Pinochet en el Estadio Nacional de Chile, durante los primeros días posteriores al golpe de estado de septiembre de 1973.

La canción fue inspirada por una joven pareja de obreros que sufrió bajo las malas condiciones de trabajo en los años 60 y 70. Pero – a modo de homenaje – Jara dio a los personajes de la historia el nombre de sus padres (Amanda y Manuel).

Muchas versiones corales de esta canción son interpretadas por coros de toda Latino América. En esta antología se incluye la versión de Eduardo Gajardo, importante director y compositor chileno.

Te recuerdo Amanda ist eines der bekanntesten Lieder von Víctor Jara (1932–1973). Er war ein bedeutender Komponist und Kulturvermittler und treibende Kraft der chilenischen Bewegung *Nueva canción* (Neues Lied), ferner Gründer der Gruppe *Quilapayún* und wichtiger Impulsgeber für eine Politik der kulturellen Vergesellschaftung und der Bewahrung des musikalischen Erbes. Víctor Jara wurde in den ersten Tagen nach dem Staatsstreich im September 1973 von der Pinochet-Diktatur im Estadio Nacional de Chile ermordet.

Als Inspiration für dieses Lied diente ein junges Arbeiterpaar, das unter den schlechten Arbeitsverhältnissen in den 1960er- und 1970er-Jahren zu leiden hatte. Für die Protagonisten des Liedes verwendete Jara jedoch – als Hommage – die Namen seiner Eltern (Amanda und Manuel).

Zahlreiche Chorfassungen des Liedes fanden durch Chöre aus ganz Lateinamerika Verbreitung. Der vorliegende Band enthält die Bearbeitung des bedeutenden chilenischen Dirigenten und Komponisten Eduardo Gajardo.

I remember you, Amanda

I remember you, Amanda,
In the wet street,
Running to the factory
Where Manuel worked.

With a wide smile,
The rain in your hair,
It did not matter at all,
You were going to see him,
See him, him, him.

It is five minutes,
Life is eternal
In five minutes.
The siren signals
The return to work,
And walking along
You light up everything,
These five minutes
Make you bloom.

I remember you, Amanda,
In the wet street,
Running to the factory
Where Manuel worked.

A huge smile,
The rain in your hair,
It did not matter at all,
You were going to see him,
See him, him, him.

Him who left for the mountains,
Who never caused any harm,
Him who left for the mountains
And in five minutes
Was left crushed.

The siren signals
The return to work.
Many did not come back,
Among them Manuel.

Te recuerdo Amanda

Te recuerdo Amanda
la calle mojada
corriendo a la fábrica
donde trabajaba Manuel.

La sonrisa ancha,
la lluvia en el pelo,
no importaba nada,
ibas a encontrarte con él,
con él, con él, con él.

Son cinco minutos,
la vida es eterna
en cinco minutos,
suena la sirena
de vuelta al trabajo
y tú caminando
lo iluminas todo,
los cinco minutos
te hacen florecer.

Te recuerdo Amanda
la calle mojada
corriendo a la fábrica
donde trabajaba Manuel.

La sonrisa ancha,
la lluvia en el pelo,
no importaba nada,
ibas a encontrarte con él,
con él, con él, con él.

Que partió a la sierra,
que nunca hizo daño,
que partió a la sierra
y en cinco minutos
quedó destrozado.

Suena la sirena
de vuelta al trabajo,
muchos no volvieron
tampoco Manuel.

Ich erinnere mich an dich, Amanda

Ich erinnere mich an dich, Amanda,
wie auf nasser Straße
du zur Fabrik eiltest,
wo Manuel arbeitete.

Ein breites Lächeln,
den Regen im Haar,
es war dir ganz egal,
du warst auf dem Weg zu ihm,
zu ihm, zu ihm, zu ihm.

Es sind fünf Minuten,
das Leben währt ewig
in diesen fünf Minuten.
Die Sirene ruft
zurück an die Arbeit
und während du gehst,
erleuchtetest du alles,
diese fünf Minuten
lassen dich aufblühen.

Ich erinnere mich an dich, Amanda,
wie auf nasser Straße
du zur Fabrik eiltest,
wo Manuel arbeitete.

Ein breites Lächeln,
den Regen im Haar,
es war dir ganz egal,
du warst auf dem Weg zu ihm,
zu ihm, zu ihm, zu ihm.

Der sich in die Berge aufmachte,
der nie jemandem etwas antat,
der sich in die Berge aufmachte
und in fünf Minuten
zerschmettert wurde.

Die Sirene ruft
zurück an die Arbeit,
viele kamen nicht zurück,
auch nicht Manuel.

Te recuerdo Amanda

Music and Lyrics: Víctor Jara (1932–1973)
Arr.: Eduardo Gajardo

Edition Peters 11425

4. Canción de cuna (Christmas)

Both *Canción de cuna* and *Pasó luego una familia* belong to a cycle of works written for Christmas. Luis Gastón Soublette Asmussen (b. Chile 1927) composed the music to texts by Fidel Sepúlveda Llanos (1936–2006). Both men played important roles in the fields of composition and academic scholarship. The full title of the cycle is *Auto Sacramental por Navidad, Escritura y Canto de Chilenía* (A Mystery Play for Christmas, Poesy and Song of Chileanism).

This composition incorporates traditional elements of Chilean folk music, melodies of rural origin and harmonies reminiscent of the Spanish Golden Age of the sixteenth and seventeenth centuries. *Canción de Cuna* also preserves the verse/chorus structure typical of the Spanish Renaissance carols known as *villancicos*.

Tanto «Canción de cuna» como «Pasó luego una familia» pertenecen a un ciclo de obras breves dedicadas a la navidad, con música de Luis Gastón Soublette Asmussen (n. Chile 1927) sobre textos de Fidel Sepúlveda Llanos (1936–2006). Ambos se han destacado en el campo de la composición y la tarea académica. El nombre completo de la obra es: «Auto Sacramental por Navidad, Escritura y Canto de Chilenía».

La composición sigue la tradición del folclor chileno y combina melodías de origen campesino con formas de armonización que remiten al Siglo de Oro español. En el caso de «Canción de cuna» también conserva la estructura de estrofa/estribillo característica de los villancicos renacentistas.

Canción de cuna und *Pasó luego una familia* gehören zu einem Zyklus kurzer Weihnachtsstücke von Luis Gastón Soublette Asmussen (*1927 in Chile) auf Texte von Fidel Sepúlveda Llanos (1936–2006). Beide sind herausragende Kunstschaffende und Akademiker. Der vollständige Titel des Werkes lautet *Auto sacramental por Navidad, escritura y canto de Chilenía* (Mysterienspiel zur Weihnacht, Dichtung und Sang vom Chilenentum).

Die Komposition folgt der Tradition der chilenischen Folklore und kombiniert Melodien ländlichen Ursprungs mit einer Harmonik, die auf das „Goldene Zeitalter" – Spaniens kulturelle Blütezeit im 16./17. Jahrhundert – verweist. *Canción de cuna* beruht zudem auf dem für die *Villancicos* (ehemals Festlieder, heute Weihnachtslieder) der Renaissancezeit typischen Wechsel zwischen Strophe und Refrain.

Cradle Song

Sleep, O master of my life,
Among these clean sheaves,
They have the colour of gold
And the warmth of caresses.

Sleep, O morning sun,
Wrapped in paltry swaddling clothes
That have the colour of the fields
And the warmth of a mother.

Sleep, O king of the universe,
Cradled by the songs
Of the birds and the clouds,
Of the stars and the seas.

Go to sleep, my darling,
O smile of daybreak,
You bring death to death itself
And give life to life.

Canción de cuna

Duerme, dueño de mi vida,
en estas limpias gavillas.
Tienen el color del oro
y el calor de las caricias.

Duerme, sol de la mañana,
envuelto en pobres pañales,
que tienen color de campo
y tienen calor de madre.

Duerme, rey del universo,
que te acunan los cantares
de las aves y las nubes,
de los astros y los mares.

Duérmete, tesoro mío,
sonrisa de amanecida,
tú le das muerte a la muerte
y le das vida a la vida.

Wiegenlied

Schlafe, du Herr über mein Leben,
inmitten dieser reinlichen Garben,
sie haben die Farbe des Goldes
und die Wärme von Liebkosungen.

Schlafe, du Morgensonne,
in dürftige Windeln gewickelt,
welche die Farbe des Ackers
und die Wärme einer Mutter haben.

Schlafe, du König des Universums,
gewiegt von den Gesängen
der Vögel und der Wolken,
der Gestirne und der Meere.

Schlafe ein, mein Schatz,
du Lächeln des Tagesanbruchs,
du bringst dem Tod den Tod
und schenkst dem Leben das Leben.

Canción de cuna

Luis Gastón Soublette Asmussen
(b. 1927)

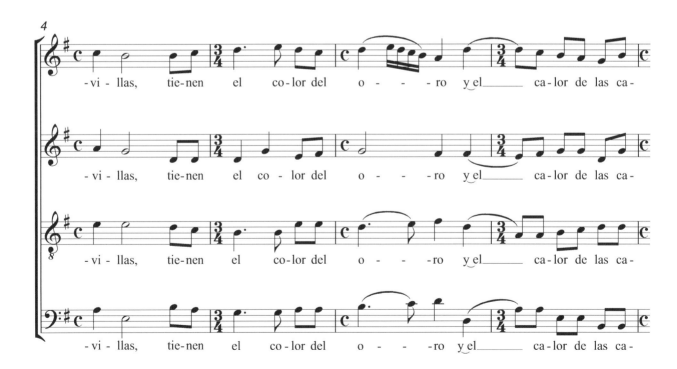

Edition Peters 11425

Edition Peters 11425

Edition Peters 11425

5. Pasó luego una familia (Christmas)

For song introduction see *Canción de cuna*, page 31.

Comentario a la obra vea «Canción de cuna», página 31.

Werkeinführung siehe *Canción de cuna*, Seite 31.

Once a family passed by

Once a family passed by
And no one opened the door.
They asked for lodging
And no one opened the door.

The mother was sick,
No one opened the door.
The night came,
No one opened the door,
No one opened the door.

The Virgin Mary comes walking
Through a dark mountainside,
When a partridge, fluttering up,
Frightens away her donkey.

Poor little Virgin,
Walking in the snow,
When she could be walking on
Roses and carnations,
Roses and carnations.

Pasó luego una familia

Pasó luego una familia
y nadie abrió la puerta.
Pedía alojamiento
y nadie abrió la puerta.

La madre iba enferma,
nadie abrió la puerta.
Viniendo la noche,
nadie abrió la puerta,
nadie abrió la puerta.

La Virgen va caminando
por una montaña oscura,
y al vuelo de la perdiz
se le ha espantado la burra.

Pobrecita Virgen
va pisando nieve,
pudiendo pisar
rosas y claveles,
rosas y claveles.

Einst kam eine Familie vorbei

Einst kam eine Familie vorbei,
und niemand öffnete die Tür.
Sie bat um Unterkunft,
und niemand öffnete die Tür.

Die Mutter war krank,
niemand öffnete die Tür.
Die Nacht brach an,
niemand öffnete die Tür,
niemand öffnete die Tür.

Die Jungfrau wandert
durch ein dunkles Gebirge,
da fliegt ein Rebhuhn auf
und verscheucht ihren Esel.

Die arme Jungfrau,
so schreitet sie durch den Schnee
und könnte doch schreiten
auf Rosen und Nelken,
auf Rosen und Nelken.

Pasó luego una familia

Luis Gastón Soublette Asmussen
(b. 1927)

Edition Peters 11425

19

Virgen va ca-mi-nan-do por u-na mon-ta-ña os-cu-ra, y al vue-lo de la per-diz se le ha
Virgen va ca-mi-nan-do por u-na mon-ta-ña os-cu-ra, y al vue-lo de la per-diz se le ha
Virgen va ca-mi-nan-do por u-na mon-ta-ña os-cu-ra, y al vue-lo de la per-diz se le ha
Virgen va ca-mi-nan-do por u-na mon-ta-ña os-cu-ra, y al vue-lo de la per-diz se le ha

25

Canto

es-pan-ta-do la bu-rra. Po-bre-ci-ta Vir-gen va pi-san-do nie-ve, pu-
es-pan-ta-do la bu-rra. Po-bre-ci-ta Vir-gen va pi-san-do nie-ve, pu-

Canto

es-pan-ta-do la bu-rra. Po-bre-ci-ta Vir-gen va pi-san-do nie-ve, pu-
es-pan-ta-do la bu-rra. Po-bre-ci-ta Vir-gen va pi-san-do nie-ve, pu-

31

-dien-do pi-sar___ ro-sas y cla-ve-les, ro-sas y cla-ve-les.
-dien-do pi-sar___ ro-sas y cla-ve-les, ro-sas y cla-ve-les.
-dien-do pi-sar___ ro-sas y cla-ve-les, ro-sas y cla-ve-les.
-dien-do pi-sar___ ro-sas y cla-ve-les,__ ro-sas y cla-ve-les.

6. Candombe de San Baltasar

The *candombe* is one of the characteristic genres of the Afro-American culture that developed in Uruguay. The culture originated in communities of African slaves that were forcibly transported from their original lands (the majority from territories in present-day Nigeria) to the Río de la Plata by Spanish and Portuguese colonizers. The basic rhythms of the *candombe* originate from those found in Afro-Cuban and Afro-Brazilian music, as well as in various musical forms of Argentina.

The *candombe* is formed by the combination of three basic percussive parts: the *claves*, the *chico* (small) drum and the *piano* (low drum). The following examples show these parts when transcribed in 'Western' notation:

Claves:

Tambor chico (small drum):

Tambor piano (bass drum):

Above this rhythmic base, each pattern of which may be performed by a single musician or a percussion group (known as a *cuerda*), the *repique* (ringing) drum is added, which improvises distinct patterns 'singing' above.

El *candombe* es uno de los géneros característicos de la cultura afroamericana, desarrollado en Uruguay. Sus raíces se encuentran en la población de esclavos africanos que fueron trasladados compulsivamente desde sus tierras originales (mayoritariamente, de los territorios de la actual Nigeria) al Río de la Plata por los colonizadores españoles y portugueses. Los ritmos básicos que laten en el *candombe* son parientes de los que componen la música afro-cubana, la afro-brasileña y algunos desarrollos producidos en la Argentina.

Trasladado a la notación musical «occidental», el candombe se conforma mediante la combinación de tres golpes básicos: la «clave» (o «madera»), el tambor «chico» y el tambor «piano». Los dibujos respectivos son:

Clave:

Tambor chico:

Tambor piano:

Sobre esta base rítmica, que puede estar integrada por un ejecutante por cada dibujo, o por varios (una «cuerda» de tambores), se suma el tambor *repique*, que improvisa distintos dibujos «cantando» sobre la base.

Der *Candombe* ist eine der charakteristischen Gattungen der afro-amerikanischen Kultur in Uruguay. Die Musik hat ihren Ursprung in der Gemeinschaft der afrikanischen Sklaven, die von spanischen und portugiesischen Kolonialherren aus ihren Heimatländern (größtenteils aus den Gebieten des heutigen Nigeria) zum Río de la Plata zwangsverschifft wurden. Die Grundrhythmen des *Candombe* sind daher verwandt mit denen der afro-kubanischen und der afro-brasilianischen Musik sowie mit musikalischen Formen, die sich in Argentinien entwickelten.

Übersetzt in die heutige „westliche" Notenschrift lässt sich der *Candombe* als eine Kombination von drei verschiedenen Grundrhythmen darstellen: dem der Claves bzw. Klanghölzer, der kleinen Trommel und der tiefen Trommel. Sie gestalten sich wie folgt:

Claves:

Tambor chico (kleine Trommel):

Tambor piano (große Trommel):

Über diesem Grundgerüst, dessen einzelne Rhythmen solistisch oder jeweils mit einer Instrumentengruppe (einer sog. *Cuerda de tambores*) besetzt sein können, erhebt sich die Repique-Trommel, die „singend" verschiedene Rhythmen improvisiert.

Edition Peters 11425

Candombe of Saint Baltasar

Everyone knows that the sixth of January
Is the day of the three kings,
And in honor of one of them, the blackest,
A celebration is due in the neighbourhood.

It is known by all that the blackest one is
The king of the saintly candomberos[*].
'St Balthazar is a very merry saint',
Says Mama Ines, shuffling her feet.

With ready hearts, they join the candombe
And through its rhythm profess their faith.
These red colours festooned with gold
Are King Balthazar's delight.

The community gathers to venerate him
Through the shining star waiting on the firmament.
Saint Balthazar rocks gently on the sedan chair
Of a sea of pilgrims who sing and dance.

The raucous bombo[**]
  speaks as he proceeds,
The snare drums ring out from his entourage.
A creole festival of black and whiter people.
As the beat changes so does
  their state of mind.

With ready hearts, they join the candombe
And through its rhythm profess their faith.
These red colours festooned with gold
Are King Balthazar's delight.

Candombe de San Baltasar

Es por todos sabido que el seis de enero
es el día de los reyes magos.
Y en honor de uno de ellos, el más negro,
se programa una fiesta en el barrio.

Es por todos sabido que es el más negro
el rey de los santos candomberos[*].
San Baltasar es un santo muy alegre,
dice la mama Inés y mueve los pies.

Listos corazones, van con el candombe
y con este ritmo a profesar.
Los rojos colores con festón dorado
le gustan al rey San Baltasar.

La comuna convoca y lo venera
por la estrella lucero que el cielo espera.
San Baltasar se hamaca sobre las andas
de un mar de promesantes que canta y baila.

Conversa el ronco bombo[**]
  mientras avanza,
repican tamboriles en las comparsas.
Fiesta criolla de negros y blanqueados
cuando cambian de toque
  cambian de estado.

Listos corazones, van con el candombe
y con este ritmo a profesar.
Los rojos colores con festón dorado
le gustan al rey San Baltasar.

Candombe des Heiligen Balthasar

Jedermann weiß, dass der sechste Januar
der Tag der Heiligen Drei Könige ist,
und einem von ihnen, dem Schwärzesten,
zu Ehren steht im Viertel ein Fest an.

Jedermann weiß, dass der Schwärzeste
der König der heiligen Candomberos[*] ist.
„Balthasar ist ein sehr fröhlicher Heiliger",
sagt Mutter Ines und schwingt die Füße.

Willigen Herzens tanzen sie den Candombe mit,
und sein Rhythmus ist ihr Bekenntnis.
An den roten Farben, mit Gold behangen,
hat König Balthasar Freude.

Das Viertel versammelt sich und verehrt ihn in
jenem funkelnden Stern, der am Himmel wartet.
Balthasar wiegt sich auf der Sänfte
eines Pilgermeeres, das singt und tanzt.

Heiser spricht die Bombo[**],
  während er voranschreitet,
die Rührtrommeln erschallen im Gefolge.
Ein kreolisches Fest aus Schwarzen und Weißeren.
Mit wechselndem Takt wechselt auch
  ihr Gemütszustand.

Willigen Herzens tanzen sie den Candombe mit,
und sein Rhythmus ist ihr Bekenntnis.
An den roten Farben, mit Gold behangen,
hat König Balthasar Freude.

---

[*] candomberos = musicians and dancers
  performing the *candombe*, a rhythm and
  dance widely popular in Uruguay, with
  African roots

[**] bombo = a large drum

[*] candomberos = músicos y bailarines
  efectuando el *candombe*, un ritmo y
  baile típico del Uruguay con raíces
  afro-americanas

[**] bombo = tambor grande

[*] Candomberos = Musiker und Tänzer des
  Candombe, einer in Uruguay weit verbreiteten
  Rhythmus- und Tanzform mit afrikanischen
  Wurzeln

[**] Bombo = große Trommel

Candombe de San Baltasar

Music and Lyrics: Abel Montenegro-Yábor
Arr.: Liliana Cangiano

*) The metronome marking in brackets corresponds to the tempo in the Editions À Cœur Joie.

Edition Peters 11425

*) Guitar accompaniment *ad lib.*

Edition Peters 11425

7. Oración para la siembra del trigo

Luis Gianneo (1897–1968) was a composer and academic educated in Argentina and Europe. He held numerous teaching positions alongside his career as an orchestral director, during which he founded the Symphonic Youth Orchestra in Argentina.

He created four choral works based on Incan texts: *Lunas que pasan, soles que mueren* (Passing Moons, Dying Suns); *Oración para la siembra del trigo* (Prayer for the Sowing of the Wheat); *Canto al madurar de las mieses* (Song for the Growth of the Crops) and *Llanto del Imperio Inca en agonía* (Lament of the Incan Empire in Agony). All of them exhibit a neoclassical musical style.

Luis Gianneo (1897–1968) fue un compositor académico, formado en Argentina y en Europa. Desempeñó numerosos cargos como docente y también como director de orquesta, habiendo fundado la Orquesta Sinfónica Juvenil en Argentina.

Sus cuatro obras corales basadas en textos incaicos son: «Lunas que pasan, soles que mueren»; «Oración para la siembra del trigo»; «Canto al madurar de las mieses» y «Llanto del Imperio Inca en agonía». Todas ellas, en un lenguaje musical neoclásico.

Der Komponist Luis Gianneo (1897–1968) erhielt seine akademische musikalische Ausbildung in Argentinien und Europa. Er bekleidete zahlreiche Posten als Dozent und Orchesterleiter und gründete unter anderem das Jugendsinfonieorchester Argentiniens.

Er komponierte vier Chorwerke zu Texten, die auf der Inka-Kultur basieren: *Lunas que pasan, soles que mueren* (Monde, die vergehen, Sonnen, die ersterben); *Oración para la siembra del trigo* (Gebet zur Weizensaat); *Canto al madurar de las mieses* (Gesang zur Reifung der Garben) und *Llanto del Imperio Inca en agonía* (Klage des gemarterten Inka-Reiches). Sie sind in einer neoklassischen musikalischen Sprache gehalten.

Prayer for the Sowing of the Wheat

Remember that we are your creatures,
Remember, Mother Earth,
That we are suffering.

Hear the voice of your children who are crying.
Receive in your loving heart
This seed that we have sown.

Give it your breath, all your breath,
Mother Earth.

Oración para la siembra del trigo

Recuerda que somos tus criaturas,
acuérdate, Madre Tierra,
que sufrimos.

Oye la voz de tus hijos que lloran, ay.
Recibe en tu corazón cariñoso, ay,
esta semilla que hemos sembrado.

Dale tu aliento, todo tu aliento,
Madre Tierra.

Gebet zur Weizensaat

Bedenke, dass wir deine Geschöpfe sind,
bedenke, Mutter Erde,
dass wir leiden.

Höre die Stimme deiner Kinder, die da weinen.
Empfange in deinem gütigen Herzen
diesen Samen, den wir gesät haben.

Schenk ihm deinen Atem, all deinen Atem,
Mutter Erde.

Oración para la siembra del trigo

Music and Lyrics:
Luis Gianneo (1897–1968)

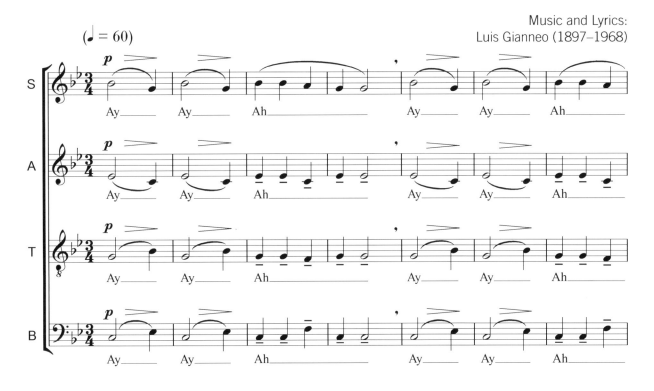

Edition Peters 11425

8. Lunas que pasan, soles que mueren

For song introduction see *Oración para la siembra de trigo*, page 54.

Comentario a la obra vea «Oración para la siembra de trigo», página 54.

Werkeinführung siehe *Oración para la siembra de trigo*, Seite 54.

**Passing Moons,
Dying Suns**

I would like to have a llama
Whose wool is made of gold,
Brilliant as the sun,
Strong as love,
Soft as a cloud
Broken up by dawn,
To make a woolen quipus[*]
On which I would record
The passing moons,
The dying suns.

**Lunas que pasan,
soles que mueren**

Una llama quisiera
que de oro tuviera la lana,
brillante como el sol,
como el amor fuerte,
suave como la nube
que la aurora deshace,
para hacer un quipus[*]
en el que marcaría
las lunas que pasan,
los soles que mueren.

**Monde, die vergehen,
Sonnen, die ersterben**

Ein Lama wünschte ich mir,
dessen Wolle aus Gold wäre,
so glänzend wie die Sonne,
so stark wie die Liebe,
so weich wie eine Wolke,
die sich im Morgenrot auflöst,
um daraus einen Quipus[*] zu knüpfen.
Auf ihm vermerkte ich
die Monde, die vergehen,
die Sonnen, die ersterben.

[*] quipus = a device made of strings to record dates and numbers using the ancient Peruvian system of 'talking knots'

[*] quipus = ensambladura de cuerdas colgantes que se usaba en el Perú ancestral para conservar datos y números por medio de nudos

[*] Quipus = Schnurgeflecht, mit dem Daten und Zahlen in der altperuanischen „Knotenschrift" festgehalten wurden

Lunas que pasan, soles que mueren

Luis Gianneo (1897–1968)

*) Tenor doubles Alto (ad lib.) / Tenor verdoppelt Alt (ad lib.)

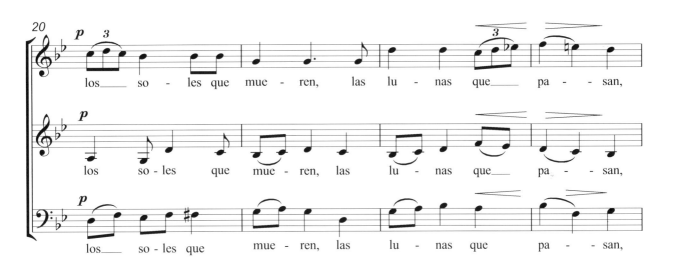

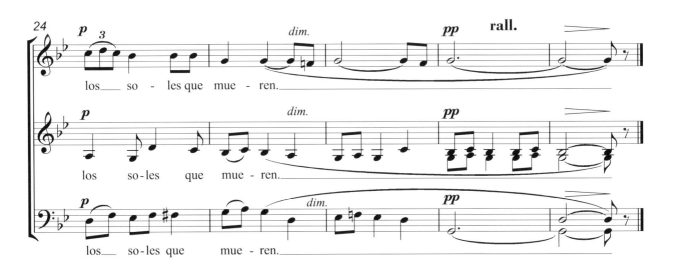

9. Madre del maíz Huayno

The *huayno* is a traditional dance form of the Andean region covering the Argentine Northwest, the highlands of Bolivia and Peru, and northern Chile (see *Naranjitay*, page 8).

To the rhythmic and structural charatristics of the *huayno*, the composer of *Madre del maíz*, Eugenio Inchausti (b. 1943 in San Nicolás de los Arroyos, province of Buenos Aires), added a prelude in the form of a slow song in 4/4. The text used in the pre lude is a prayer to Mother Earth asking for a good harvest. This slow form alternates with rhythmic sections of the *huayno*.

The composer of the choral version, Héctor Bisso (b. 1959), lives in the South of Argentina, in the mountainous region bordering Chile. In El Bolsón (province of the Rio Negro) and Puelo (province of Chubut) he is significantly engaged in furthering music education.

El *huayno* es una danza tradicional de la región andina ubicada al noroeste de Argentina, zona cordillerana de Bolivia y Perú y norte de Chile (ver *Naranjitay*, página 8).

A las características rítmicas y estructu- rales del *Huayno*, el compositor Eugenio Inchausti (n. en San Nicolás de los Arroyos, provincia de Buenos Aires, 1943) le agrega un preludio en forma de canción lenta (en 4/4). Durante esta parte de la obra, el texto enuncia una rogativa a la «Madre Tierra», pidiendo por la buena cosecha. Esta forma lenta se alterna con secciones rítmicas de *Huayno*.

El compositor de la versión coral, Héctor Bisso (n. 1959), reside en el Sur de Argentina, en la región cordillerana limítrofe con Chile. En las localidades del El Bolsón (provincia de Río Negro) y Puelo (provincia de Chubut) realiza una gran tarea en el campo de la enseñanza musical.

Der *Huayno* ist ein traditioneller Tanz der Andengebiete im Nordwesten Argentiniens, in der Kordillerenregion Boliviens und Perus sowie in Nordchile (vgl. *Naranjitay*, Seite 8).

Dem in seinen Rhythmen und seinem Aufbau typischen *Huayno* stellt der Komponist Eugenio Inchausti (*1943 in San Nicolás de los Arroyos, Provinz Buenos Aires) eine Einleitung in Form eines langsamen Liedes im 4/4-Takt voran. Der Text dieses Abschnitts ist ein Bittgebet an die Mutter Erde um eine gute Ernte. Langsame Passagen dieser Art wechseln sich in der Folge mit rhythmischen Passa- gen im Stil des *Huayno* ab.

Der Komponist der Chorfassung, Héctor Bisso (*1959), lebt in der an Chile an- grenzenden Andenregion im Süden Argen- tiniens. In den Orten El Bolsón (Provinz Río Negro) und Puelo (Provinz Chubut) ist er äußerst engagiert im Bereich der musi- kalischen Bildung tätig.

Mother of the Corn

Mother Earth, look after me.
Help my holy mother
So that the corn comes on beautifully.
Mother Earth, do not abandon me,
So that the corn grows beautifully.

Mother Earth, Calchaquí[1] sun,
Mother Earth, Calchaquí sun,
Do not allow the frosts
To burn the soul of my corn.

Push them towards the mountains,
Pachamama[2], look after me.

In the morning, when I
Pushed over the apacheta[3],
I left you my acullico[4] of coca
So that it may make your voice clearer.

I will find myself a mestiza,
And when the harvest is over
The chicha[5] will flow and, dancing,
The two of us will set off together.

Mother Earth, Calchaquí sun,
Mother Earth, Calchaquí sun,
Do not allow the frosts
To burn the soul of my corn.

Push them towards the mountains,
Pachamama, look after me.

Madre del maíz

Madre tierra mira por mí.
Ayudala a mi mamá santa
pa' que venga lindo el maíz.
Madre tierra, no me abandones,
pa' que crezca lindo el maíz.

Madre tierra, sol calchaquí[1],
Madre tierra, sol calchaquí,
no permitas que las heladas
quemen l'alma de mi maíz.

Empujalas pa' las montañas,
Pachamama[2], mira por mí.

Te dejé en la mañana
cuando topé la apacheta[3]
mi acullico[4] de coca
pa' que te aclare la voz.

M'hei buscar una chola
y al terminar la cosecha
meta chicha[5], bailando
nos marcharemos los dos.

Pachamama, sol calchaquí,
Pachamama, sol calchaquí,
no permitas que las heladas
quemen l'alma de mi maíz.

Empujalas pa' las montañas,
Pachamama, mira por mí.

Mutter des Mais

Mutter Erde, sorge für mich.
Hilf meiner heiligen Mutter,
damit der Mais schön gedeiht.
Mutter Erde, verlass mich nicht,
damit der Mais schön wächst.

Mutter Erde, Sonne der Calchaquí[1],
Mutter Erde, Sonne der Calchaquí,
lass nicht zu, dass die Fröste
die Seele meines Mais' verbrennen.

Dränge sie zu den Bergen hin,
Pachamama[2], sorge für mich.

Ich habe dir am Morgen,
als ich die Apacheta[3] umstieß,
mein Coca-Acullico[4] zurückgelassen,
damit es dir die Stimme aufhelle.

Ich suche mir eine Mestizin,
und wenn die Ernte vorbei ist,
wird die Chicha[5] fließen, und tanzend
machen wir beide uns auf den Weg.

Pachamama, Sonne der Calchaquí,
Pachamama, Sonne der Calchaquí,
lass nicht zu, dass die Fröste
die Seele meines Mais' verbrennen.

Dränge sie zu den Bergen hin,
Pachamama, sorge für mich.

---

[1] Calchaquí = an extinct native tribe of northern Argentina

[2] Pachamama (Quechua) = Mother Cosmos, an earth goddess worshipped by some indigenous peoples of the Andes

[3] apacheta (Quechua/Aymara) = a small, conical pile of stones constructed at perilous sections of a path, as an offering to Pachamama or other local deities

[4] acullico (Quechua) = a traditional practice in South America which involves a rolled-up ball of coca leaves being placed in the mouth between the cheek and jaw, to alleviate altitude sickness, fatigue, hunger or indigestion

[5] chicha = an alcoholic drink made from fermented corn

[1] Calchaquí = tribu indígena extinta del norte de Argentina

[2] Pachamama (Quechua) = Madre tierra, diosa totémica adorada por los pueblos indígenas andinos

[3] apacheta (Quechua/Aymara) = un montículo de piedras colocadas en forma cónica una sobre la otra, realizado como ofrenda a la Pachamama o deidades del lugar en las cuestas difíciles de los caminos

[4] acullico (Quechua) = un ritual ancestral en Latinoamérica en el que se coloca una bola de hojas de coca entre la mejilla y la mandíbula para evitar apunamiento, extenuación, hambre o indigestión

[5] chicha = bebida alcohólica de maíz fermentado

[1] Calchaquí = ausgestorbener indigener Volksstamm im nördlichen Argentinien

[2] Pachamama (Quechua) = Mutter Kosmos, eine von indigenen Andenvölkern verehrte Erdgöttin

[3] Apacheta (Quechua/Aymara) = ein kleiner Hügel aus konisch aufeinandergeschichteten Steinen, als Opfergabe an Pachamama oder andere regionale Gottheiten an gefährlichen Wegstellen errichtet

[4] Acullico (Quechua) = eine traditionelle Praxis in Südamerika, bei der eine kleine Kugel aus Kokablättern zwischen Wange und Kiefer geklemmt wird, um Höhenkrankheit, Erschöpfung, Hunger oder Magenbeschwerden entgegenzuwirken

[5] Chicha = alkoholisches Getränk aus vergorenem Mais

Madre del maíz

Huayno

Music: Eugenio Carlos Inchausti (b. 1943)
Lyrics: Carlos Alberto 'Coco' dos Santos
Arr.: Héctor Bisso

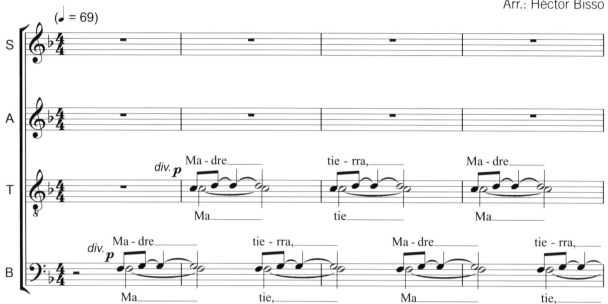

Edition Peters 11425

-mi - tas   que las he - la - - das_ que men l'al - ma de mi ma - íz.___ Em - pu-

uh___ uh   uh uh_____ uh

uh uh uh uh_____ uh

uh___ uh uh uh_____ uh

uh uh uh uh_____ uh

-ja - las pa' las mon - ta - - ñas,_ Pa - cha - ma - ma, mi - ra por mí.___

uh uh uh uh_ uh

uh uh uh uh_____

uh uh uh uh_____

uh uh uh uh_____

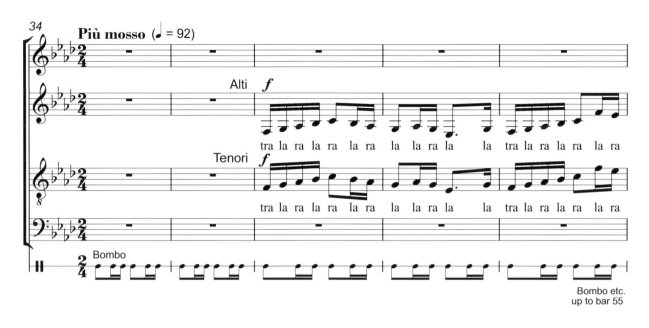

Edition Peters 11425

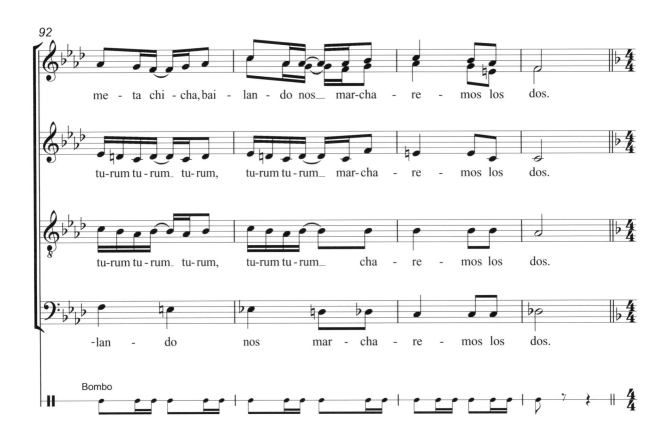

10. Póngale por las hileras   Cueca

Póngale por las hileras is a traditional cueca composed by Dardo Félix Palorma (1918–1994) in 1949. It was subsequently recorded by Antonio Tormo, a very popular singer of the 1950s.

The cueca, like the zamba, the chacarera, the bailecito and many other folk dances of the Argentine Northwest and East, evolved from the original zamacueca of Peru. Of these dances, the cueca – alongside its counterpart, the cueca chilena – is the most scintillating and vertiginous in performance, being the fastest of the aforementioned genres. It is typical of the region of Cuyo, comprising the provinces of Mendoza, San Juan and San Luis, the first two of which border the mountain range of the Andes.

José Felipe Vallesi belongs to the first generation of great choral directors and promoters of the choral practice in Argentina, alongside his contemporaries Antonio Russo, José Antonio Gallo, Cristián Hernández Larguía, Virtú and Francisco Maragno. They enriched the choral language by bringing together popular and academic forms.

Póngale por las hileras» es una cueca tradicional, compuesta por Dardo Félix Palorma (1918–1994) en 1949. En su momento, fue grabada por Antonio Tormo, cantor de gran popularidad en la década del '50.

La cueca, como la zamba, la chacarera, el bailecito y muchas otras danzas folklóricas del noroeste y el oeste de Argentina, derivan de la original zamacueca del Perú. La cueca, como su hermana la cueca chilena, es la que se ejecuta de manera más chispeante y vertiginosa, siendo su tempo el más veloz entre las mencionadas. Es característica de la región de Cuyo, que integran las provincias de Mendoza, San Juan y San Luis, lindantes las dos primeras con la Cordillera de Los Andes.

José Felipe Vallesi pertenece a la primera generación de grandes directores de coro y difusores del lenguaje coral en la Argentina (coetáneo de Antonio Russo, José Antonio Gallo, Cristián Hernández Larguía, Virtú y Francisco Maragno), que enriquecieron el lenguaje coral acercando entre sí las formas populares y las académicas.

Póngale por las hileras ist eine traditionelle Cueca, die 1949 von Dardo Félix Palorma (1918–1994) komponiert und seinerzeit von dem in den 1950er Jahren äußerst populären Sänger Antonio Tormo aufgenommen wurde.

Ebenso wie die Zamba, die Chacarera, der Bailecito und viele andere Volkstänze aus dem Nordwesten und Westen Argentiniens stammt die Cueca von der ursprünglich in Peru angesiedelten Gattung Zamacueca ab. Die Cueca ist – ebenso wie die verwandte Cueca chilena – die temperamentvollste und rasanteste der genannten Gattungen und hat das schnellste Tempo. Sie ist typisch für die westargentinische Region Cuyo, welche die Provinzen Mendoza, San Juan und San Luis umfasst, von denen die ersten beiden an die Gebirgskette der Anden angrenzen.

José Felipe Vallesi gehört zur ersten Generation bedeutender Chorleiter und Förderer der Chormusik in Argentinien. Wie auch seine Zeitgenossen Antonio Russo, José Antonio Gallo, Cristián Hernández Larguía, Virtú und Francisco Maragno leistete er einen wesentlichen Beitrag zur Bereicherung der argentinischen Chorsprache in dem Bestreben, volkstümliche und akademische Formen einander anzunähern.

Cueca

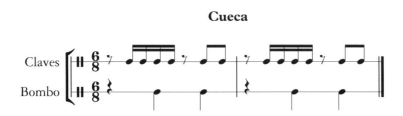

Take to the Vine Rows

O how, in the harvest season,
Our native land turns pretty!
It glows like plaited hair
In the eyes of the peasant.

Going to and fro by cart
From the vineyard to the winery,
Always with a load of grapes,
Be they white or black.

Take to the vine rows,
Not leaving a single grape.
The cellars must be filled,
Already the wine is running low.

The boy has already put down his basket,
She, too, drops her scissors.
And playfully they practise
This cueca between the vine rows.

At night under the open sky,
There are a thousand local songs
And in between verses, a little glass of wine,
Known as 'Delouser of Dreams'.

Take to the vine rows,
Not leaving a single grape.
The cellars must be filled,
Already the wine is running low.

Póngale por las hileras

Para el tiempo de cosecha
qué lindo se pone el pago.
Hay un brillo de chapecas
en los ojos del paisano.

Yendo y viniendo en el carro
de la viña a la bodega,
siempre un racimo de encargo
de la blanca o de la negra.

Póngale por las hileras
sin dejar ningún racimo.
Hay que llenar la bodega,
ya se está acabando el vino.

Ya dejó el mozo el canasto,
ella deja las tijeras.
Y ensayan como jugando
esta cueca en las hileras.

Y a la noche a cielo abierto
hay mil cantos lugareños
y entre coplas un vinito
que se llama espulga sueños.

Póngale por las hileras
sin dejar ningún racimo.
Hay que llenar la bodega,
ya se está acabando el vino.

Auf in die Rebgassen

Zur Zeit der Ernte,
wie schön wird da die Heimat.
Sie glänzt wie geflochtenes Haar
in den Augen des Bauern.

Hin und her mit dem Karren
vom Weingarten zur Kellerei,
stets mit einer Ladung Trauben,
seien sie hell oder dunkel.

Auf in die Rebgassen,
nur keine Traube übriglassen!
Es gilt, den Keller zu füllen,
denn der Wein geht schon zur Neige.

Schon hat der Junge den Korb abgestellt,
sie lässt die Schere fallen.
Und zum Spaß üben sie
in den Rebgassen diese Cueca.

Bei Nacht unter freiem Himmel
erklingen tausend einheimische Lieder,
und zwischen den Strophen ein Gläschen
Wein, „Traum-Entlauser" genannt.

Auf in die Rebgassen,
nur keine Traube übriglassen!
Es gilt, den Keller zu füllen,
denn der Wein geht schon zur Neige.

Póngale por las hileras

Cueca

Music and Lyrics:
Féliz Robustiano Palorma (1918–1994)
Arr.: José Felipe Vallesi

16

- go. Hay un bri-llo de cha-pe - cas en los o - jos del pai-sa - no. Hay un bri - llo de cha-
- ras. Y en-sa-yan co-mo ju-gan - do es-ta cue-ca en las hi-le - ras. Y en-sa-yan co-mo ju-

- go. Hay un bri-llo de cha-pe - cas en los o - jos del pai-sa - no. Hay un bri - llo de cha-
- ras. Y en-sa-yan co-mo ju-gan - do es-ta cue-ca en las hi-le - ras. Y en-sa-yan co-mo ju-

div.

pa-go. Hay un bri-llo de cha-pe - cas en los o - jos del pai-sa - no.   pam pam pam pam
-je-ras. Y en-sa-yan co-mo ju-gan - do es-ta cue-ca en las hi-le - ras.

div.   *unis.*

pa-go. Hay un bri-llo de cha-pe - cas___ o - jos del pai-sa - no.   pam pam pam pam
-je-ras. Y en-sa-yan co-mo ju-gan - do___ cue-ca en las hi - le - ras.

22

Tenor solo   legato ed espressivo

Yen-do y vi - nien-do en el ca - rro de la
Y a la no-che a cie-lo a-bier - to hay mil

- pe - cas en los o - jos del pai-sa - no.   **) b.ch.*___
- gan - do es - ta cue-ca en las hi-le - ras.

- pe - cas en los o - jos del pai-sa - no.   *b.ch.*___
- gan - do es - ta cue-ca en las hi-le - ras.

unis.

___ pam pam pam pam___ pam pam pam pam   *b.ch.*___

div.   *unis.*

___ pam pam pam pam___ pam pam pam pam   *b.ch.*___

*) b.ch. = bocca chiusa

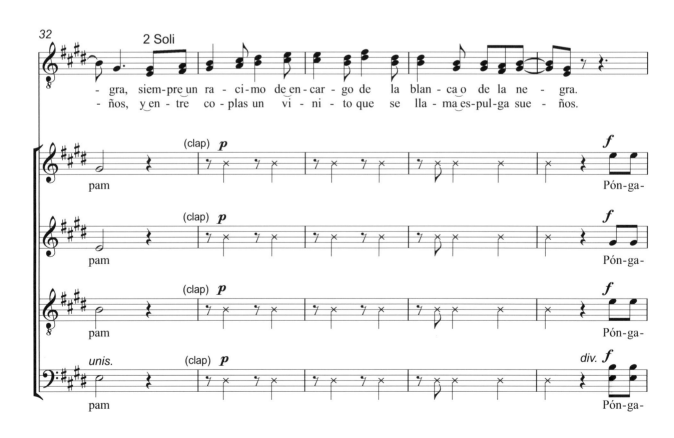

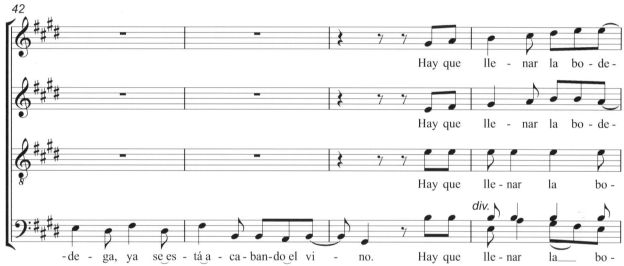

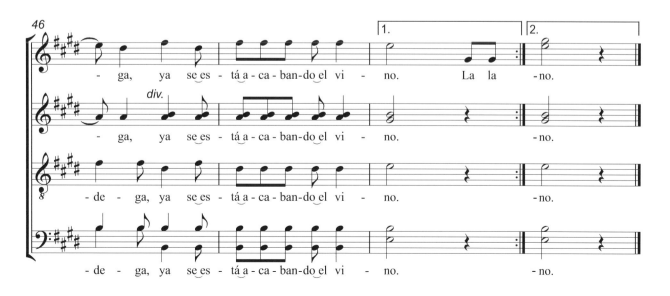

11. Carnavalito del duende

Carnavalito is the Spanish term for what in the language of the native population was known as *huayno*. It is a duple-time rhythm popularly used in dance, mainly during the Carnival season and on other festive occasions.

Manuel J. Castillo (lyrics) and Gustavo 'Cuchi' Leguizamón (music) are two emblematic exponents of the musical folklore of the Salta province in the Argentine Northwest. 'El Duende' is one of the legends told in song in that region. Its protagonist is a mischievous goblin, and the lyrics describe some of the traditions related to this myth.

The choral version was written by Juanjo Cura, a director and specialist in vocal technique as applied to choral singing.

El «carnavalito» es la denominación españolizada de los que, en el idioma de los habitantes originarios, se conoce como «huayno». Es un ritmo de dos tiempos, utilizado popularmente para la danza, sobre todo en Carnaval y otras instancias festivas.

Manuel J. Castilla (poeta) y Gustavo «Cuchi» Leguizamón (músico) son dos representantes emblemáticos de la composición folklórica de la provincia de Salta (Noroeste de Argentina). «El Duende» es una de las leyendas cantadas en la región. Se trata de un duende travieso y el texto de la canción describe algunas de las tradiciones relacionadas con este mito.

La versión coral fue realizada por Juanjo Cura, director y especialista en técnica vocal aplicada al canto coral.

Carnavalito ist die hispanisierte Bezeichnung für das, was in der Sprache der Urbevölkerung als *Huayno* bekannt ist. Es handelt sich um einen Zweierrhythmus, der traditionell getanzt wird, vor allem zu Karneval und anderen Festtagen.

Manuel J. Castilla (Text) und Gustavo „Cuchi" Leguizamón (Musik) sind zwei legendäre Vertreter der musikalischen Folklore der Provinz Salta im Nordwesten Argentiniens. Eine der in dieser Region besungenen Legenden ist „El Duende", die von einem übermütigen Kobold handelt. Im Liedtext werden einige der Traditionen beschrieben, die mit diesem Mythos einhergehen.

Die Chorfassung stammt von Juanjo Cura, einem Chorleiter und Spezialisten für Vokaltechnik im Chorgesang.

Edition Peters 11425

The Goblin's Carnavalito

I want to love you,
Want to love you.
I want to love you,
You play hard to get,
But under the fig tree
Taking a siesta you will find me.

I will give you earrings
If I can steal them.
With my woolen hand, dearest,
I am going to caress you.

Don't you run off on me
While I gather honey in the mountains.
Sweets is what love demands
When you let it suffer
From lies … from lies …

This imp is in love,
Letting his wide sombrero dance.
His leaden hands are chopping
The carob beans for carnival,
Leaping … leaping …

With my woollen hand, dearest,
I am going to caress you.

Carnavalito del duende

Yo te quiero querer,
te quiero querer.
Yo te quiero querer,
vos te hacés de rogar,
pero bajo la higuera
en una siesta me encontrarás.

Aritos te daré
si los puedo robar.
Con mi mano de lana, vidita,
te voy a acariciar.

No te me quieras ir,
voy al monte a buscar miel.
Dulzuras quiere el amor
cuando lo hacen padecer
mintiendo … mintiendo …

El duende está enamorado,
sombrero aludo, dele bailar.
Cortan sus manos de plomo
las algarrobas del carnaval,
saltando … saltando …

Con mi mano de lana, vidita,
te voy a acariciar.

Wichtel-Carnavalito

Ich möchte dich lieben,
möchte dich lieben.
Ich möchte dich lieben,
du lässt dich bitten,
doch unter dem Feigenbaum
wirst du mich bei einer Siesta finden.

Ohrringe werde ich dir geben,
falls ich sie stehlen kann.
Mit meiner wollenen Hand, Liebste,
werde ich dich liebkosen.

Dass du mir nicht weggehst,
ich gehe in den Bergen Honig sammeln.
Süßigkeiten verlangt die Liebe,
wenn man sie leiden lässt
an Lügen … an Lügen …

Der Wicht ist verliebt,
den breiten Sombrero lässt er tanzen.
Mit bleiernen Händen schneidet er
die Johannisbrotschoten für den Karneval,
hüpfend … hüpfend …

Mit meiner wollenen Hand, Liebste,
werde ich dich liebkosen.

Carnavalito del duende

Music: Gustavo 'Cuchi' Leguizamón (1917–2000)
Lyrics: Manuel José Castilla
Arr.: Juanjo Cura

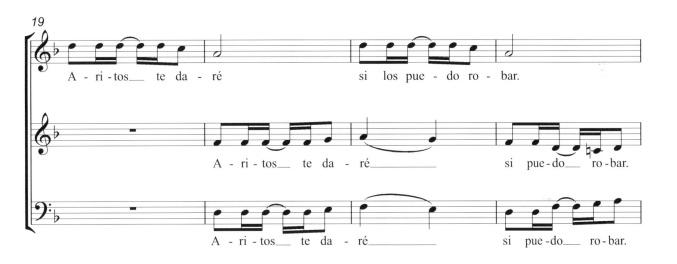

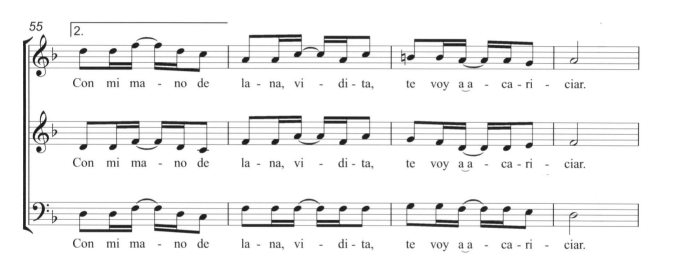

12. Chacarera de mis pagos

The composite rhythm (6/8 – 3/4) of the *chacarera* is characteristic of a series of folkloric forms from the Argentine Northwest. They differ only in their strophic structure, which depends on the choreography of each of these couple dances. Strictly in terms of its musical rhythms, the basic cell is formed of a two-beat meter (6/8) in combination with a three-beat meter (3/4). The melodic phrasing and the rhythmic accompaniment (played by guitar and *bombo legüero*, see footnote) result in a succession of cells in which the accentuation alternates between simple and compound meter. Another characteristic is that the rhythm of the *chacarera* can be described as 'in 3 without 1', given that the drum is being struck on beats 2 and 3 of the 3/4 meter.

Julio Argentino Jerez (b. 1900 in La Banda, Santiago del Estero, d. 1954 in Buenos Aires) was a composer of folk songs and was revolutionary in terms of creating new forms and paving the way for establishing these forms in the metropole of Buenos Aires. He was widely known and admired, also by the famous Argentine folk singer-songwriter Atahualpa Yupanqui, who dedicated his poem *A Don Julio Argentino Jerez* to him: „Julio Jerez the trouvère ... whose name is muttered by the lumberjacks during their siesta / and spoken at night by the drums, / whose fame travels for miles[*]).

Jerez's chacareras, zambas, gatos and bailecitos have served as models for a vast number of songs. *La Engañera* is his most emblematic zamba.

Eduardo Ferraudi belongs to that generation of outstanding choral composers who masterly translated the folkloric repertoire of the Argentine Northwest into the choral idiom.

El ritmo de amalgama (6/8 – 3/4) de la *chacarera* es característico de una serie de formas folklóricas del Noroeste argentino, que difieren entre sí solamente en la estructura estrófica, correlativa con la coreografía que cada una de ellas asume como danza de parejas. En términos estrictamente rítmico/musicales, la célula básica está constituida por la combinación de un compás de 2 pulsos (6 x 8) simultáneo con otro de 3 pulsos (3 x 4). El fraseo de la melodía y el acompañamiento rítmico (por la guitarra y el bombo legüero) conforman una sucesión de células, en las cuales se alternan las acentuaciones de 2 ó 3 tiempos. Otra característica es que el ritmo de la *chacarera* se trata de «un 3 sin el 1», haciendo referencia a los golpes que se dan en el parche del bombo, correspondientes al segundo y tercer pulsos del compás de 3 x 4.

Julio Argentino Jerez (La Banda, Santiago del Estero 1900 – Buenos Aires 1954) fue un compositor de canciones folklóricas, revolucionario en cuanto a la forma en su momento y precursor de la llegada de esas formas a la ciudad metrópoli de Buenos Aires. Reconocido y ponderado hasta por el famoso cantautor argentino Atahualpa Yupanqui, quien le dedicó un poema «A Don Julio Argentino Jerez»: *... Julio Jerez el trovero... el que nombran los hacheros en la siesta / y los bombos en la noche / esos de fama legüera*[*]).

Las *chacareras*, *zambas*, *gatos* y *bailecitos* de Jerez han sido modelos sobre los que se gestaron infinidad de canciones. «La Engañera» es su zamba emblemática.

El maestro Eduardo Ferraudi integra la generación de destacados compositores corales que mejor han plasmado el repertorio folklórico del Noroeste argentino para este instrumento.

Der kombinierte Rhythmus (6/8 – 3/4) der *Chacarera* ist charakteristisch für zahlreiche folkloristische Stile aus dem Nordwesten Argentiniens, welche sich lediglich durch die unterschiedlichen Strophenformen unterscheiden – abhängig von der jeweiligen Choreografie der verschiedenen Paartänze. In rhythmisch-musikalischer Hinsicht ergibt sich die Kernzelle aus einer Kombination von zweischlägigem (6/8) und dreischlägigem (3/4) Metrum. Die melodische Phrasierung und die Rhythmusbegleitung durch Gitarre und *Bombo legüero* (siehe Fußnote) ergeben eine rhythmische Sequenz, bei der Elemente mit 2 und 3 Schwerpunkten im ständigen Wechsel stehen. Ein weiteres Merkmal der *Chacarera* ist, dass es sich um einen Dreierrhythmus „ohne die 1" handelt, insofern als die Felle der Trommel auf der zweiten und dritten Zählzeit des 3/4-Taktes geschlagen werden.

Julio Argentino Jerez (*1900 in La Banda, Santiago del Estero, †1954 in Buenos Aires) war ein Volksliedkomponist, der die Liedform revolutioniert hat und maßgeblich an der Verbreitung der neuen Formen in der Metropole Buenos Aires beteiligt war. Geschätzt und gefeiert wurde er unter anderem von dem bedeutenden argentinischen Folklore-Singer-Songwriter Atahualpa Yupanqui, der ihm das Gedicht *A Don Julio Argentino Jerez* widmete: „Julio Jerez, der Trouvère ... dessen Namen die Holzfäller bei der Siesta murmeln / und nachts die Trommeln verkünden, / deren Ruf sich über Meilen erstreckt"[*]).

Die *Chacareras*, *Zambas*, *Gatos* und *Bailecitos* von Jerez dienten als Vorbilder für unzählige Liedkompositionen. Die Zamba *La Engañera* gilt als Paradestück der Gattung.

Eduardo Ferraudi zählt zu jener Generation herausragender Chorkomponisten, die das folkloristische Repertoire des Nordwesten Argentiniens meisterhaft in das Medium des Chorgesangs übertragen haben.

---

[*]) An allusion to the *bombo legüero*, a typical Argentine folk drum made from a tree stump and covered with animal skins, which is said to be audible over a distance of many leagues ('leguas')

[*]) Alusión al «Bombo legüero», un tambor típico del folclor argentino hecho de un tocón con membrara de cuero crudo

[*]) Anspielung auf den *Bombo legüero*, eine für die argentinischen Volksmusik typische, aus einem Baumstumpf gefertigte und mit Tierfellen bespannte Trommel, die über Meilen („leguas") zu hören ist

Chacarera from my Native Area

Santiagueños*), I have been asked
To sing a song,
And being a Santiagueño
I cannot say no.

So let me see if I can do it,
Though I have my doubts if I can,
For on many occasions
There is thunder, but no rain.

I like colt leather boots,
Embroidered shorts,
Chiripá**) made from merino wool,
To shine at dancing the zapateado.

Chacarera from my native soil,
Glory of our region,
You shall bear the banner
Of our ancient tradition.

I see a pair of eyes
That stop me from singing,
My strumming goes astray,
They make me forget the words.

The things love does to you,
How it transforms a man,
Making him gallant and generous
And soft at heart.

And now you have me singing here
Of the hurt that I have suffered.
Bring me wine, my friend,
And fill my glass to the brim.

From La Banda to Santiago
There is a bridge to cross,
Don't knock back too many drinks
Or you might slip and fall.

*) Santiagueños = people of the town and
   province of Santiago del Estero in the
   Argentine Northwest

**) chiripá = a type of poncho which the
    gauchos of Argentina wear over their
    trousers to protect against the cold

Chacarera de mis pagos

Santiagueños*), me han pedido
que cante una copla yo,
y como soy santiagueño
no puedo decir que no.

Allá voy a ver si puedo,
voy dudando si podré,
porque en muchas ocasiones
truena y no sabe llover.

Me gusta la bota 'e potro,
el calzoncillo cribao
el chiripá**) de merino
pa' lucir un zapateao.

Chacarera de mi tierra,
gloria de nuestra región,
vos serás el estandarte
de la vieja tradición.

Unos ojos estoy viendo
que no me dejan cantar,
en el rasguido me pierdo,
los versos me hace olvidar.

Qué cosas tiene el cariño,
cómo lo pone al varón,
caballero y generoso,
blandito de corazón.

Y aquí me tienen cantando
las penas que yo pasé.
Traiga el vino mi amigazo,
llene el vaso hasta no poder.

De La Banda hasta Santiago
hay un puente que cruzar,
no le empines mucho al trago
porque puedes resbalar.

*) Santiagueños = habitantes de la provin-
   cia y capital de Santiago del Estero en el
   Noroeste de Argentina

**) chiripá = poncho colocado sobre los
    pantalones, usados por los gauchos
    como protección ante el frío

Chacarera meiner Heimat

Santiagueños*), man hat mich gebeten,
ein Lied zu singen,
und da ich Santiagueño bin,
kann ich nicht nein sagen.

Nun schau ich mal, ob ich es kann,
ich zweifle noch, ob es gelingt,
denn häufig kommt es vor,
dass es donnert, aber nicht regnet.

Ich mag Stiefel aus Fohlenleder,
bestickte kurze Hosen,
Chiripá**) aus Merinowolle,
um beim Zapateado-Tanz zu glänzen.

Chacarera meiner Heimat,
Zierde unserer Gegend,
du sollst die Standarte
des alten Brauchtums sein.

Ich sehe ein Paar Augen,
das mich nicht singen lässt,
ich schlage die falschen Akkorde,
vergessen sind die Verse.

Was hat die Liebe nur an sich,
wie wandelt sie einen Mann!
Ritterlich und großzügig wird er
und im Herzen weich.

Und nun singe ich hier also
von den Schmerzen, die ich erlitt.
Bring mir Wein, mein Freund,
und füll mir das Glas randvoll.

Von La Banda nach Santiago
muss man eine Brücke überqueren,
drum schau nicht zu tief ins Glas,
sonst rutschst du am Ende aus.

*) Santiagueños = Einwohner der Stadt und
   Provinz Santiago del Estero im Nordwesten Argentiniens

**) Chiripá = Poncho, der von den argentini-
    schen Gauchos als Kälteschutz über der
    Hose getragen wird

Chacarera de mis pagos

Music and Lyrics: Julio Argentino Jerez (1900–1954)
Arr.: Eduardo Ferraudi

Edition Peters 11425

Edition Peters 11425

13. Alfonsina y el mar Zamba

The *zamba* is a typical genre of folk dance from the Argentine Northwest, alongside the *chacarera*, *bailecito*, *gato* and others. All of these dances use rhythms in 6/8, or – as is the case for the slow *zamba* – in 3/2.

Alfonsina y el mar forms part of the folk song cycle *Mujeres Argentinas* (Argentine Women), with music by Ariel Ramírez and texts by Félix Luna. The song cycle was first recorded by Mercedes Sosa on the Philips label in 1969. The title *Alfonsina y el mar* refers to the tragic death of Alfonsina Storni, one of Argentina's greatest female poets, who drowned herself in the coastal city of Mar del Plata in 1938.

Hugo de la Vega ranks among the leading arrangers of choral music in Argentina. He rose to fame as the founder and director of the Córdoba-based Grupo Azul, for which this version was originally written, and several other choral ensembles.

La *zamba* es una de las danzas folklóricas características de la región Noroeste de la Argentina (*chacarera*, *bailecito*, *zamba*, *gato*, etc.). Todas estas danzas utilizan el ritmo de 6/8 o, en el caso de las *zambas* de tempo lento, 3/2.

«Alfonsina y el mar» integra el ciclo de canciones folklóricas «Mujeres Argentinas» que compusieron Ariel Ramírez (música) y Félix Luna (letra) y fue originalmente editado por el sello Philips en el año 1969 con la interpretación de Mercedes Sosa. Refiere a la trágica muerte de Alfonsina Storni, una de las máximas poetisas argentinas, sucedida en Mar del Plata, en el año 1938.

El maestro Hugo de la Vega es uno de los más destacados arregladores corales de la Argentina. Se ha destacado como fundador y director del Grupo Azul de Córdoba (para el cual fue inicialmente realizada esta versión) y diversas formaciones corales.

Die *Zamba* gehört neben *Chacarera*, *Bailecito*, *Gato* und anderen Gattungen zu den typischen Volkstänzen des nordwestlichen Argentiniens. Typisch für diese Tänze ist der 6/8-Takt oder – wie bei der langsamen *Zamba* – der 3/2-Takt.

Das Lied *Alfonsina y el mar* stammt aus dem Zyklus *Mujeres Argentinas* (Argentinische Frauen) von Ariel Ramírez (Musik) und Félix Luna (Text) und wurde erstmals 1969 von Mercedes Sosa für das Label Philips eingespielt. Das Lied nimmt Bezug auf das tragische Schicksal der bedeutenden argentinischen Dichterin Alfonsina Storni, die sich 1938 in der Küstenstadt Mar del Plata im Meer ertränkte.

Hugo de la Vega zählt zu den herausragenden Chorarrangeuren Argentiniens. Bekanntheit erlangte er vor allem als Gründer und Leiter des Ensembles Grupo Azul aus Córdoba, für welches diese Chorfassung entstand, sowie anderer Chorformationen.

Alfonsina and the Sea

On the soft sand licked by the waves
Her small footprints turn back no more.
A lonely path of sorrow and silence led
All the way into the deep waters,
A lonely path of mute sorrows led
All the way into the surf.

God only knows what anguish accompanied you,
What long-time pain your voice kept secret,
That made you lay down, lulled by the singing
Of the seashells,
By the song which, in the sea's dark depths,
The seashell sings.

And so you go, Alfonsina,
Along with your loneliness.
What new poems did you go to seek?
An ancient voice of wind and salt
Is flirting with your soul,
Carrying it away,
And you go there, like in a dream,
Sleeping Alfonsina, the sea your dress.

Five little mermaids will escort you
Along paths of seaweed and coral.
And luminescent sea horses will dance
A round by your side,
And the sea dwellers will play
By your side very soon.

Dim the lamp a bit more for me,
Let me sleep in peace, nanny,
And if he calls don't tell him I am here,
Tell him that Alfonsina is not coming back.
And if he calls don't ever tell him I am here,
Tell him that I have gone.

And so you go, Alfonsina,
Along with your loneliness.
What new poems did you go to seek?
An ancient voice of wind and salt
Is flirting with your soul,
Carrying it away,
And you go there, like in a dream,
Sleeping Alfonsina, the sea your dress.

Alfonsina y el mar

Por la blanda arena que lame el mar
su pequeña huella no vuelve más.
Un sendero solo de pena y silencio llegó
hasta el agua profunda,
un sendero solo de penas mudas llegó
hasta la espuma.

Sabe Dios qué angustia te acompañó,
qué dolores viejos calló tu voz
para recostarte arrullada en el canto de las
caracolas marinas,
la canción que canta en el fondo
oscuro del mar la caracola.

Te vas, Alfonsina,
con tu soledad.
Qué poemas nuevos fuiste a buscar?
Una voz antigua de viento y de sal
te requiebra el alma,
y la está llevando,
y te vas hacia allá como en sueños,
dormida Alfonsina, vestida de mar.

Cinco sirenitas te llevarán
por caminos de algas y de coral.
Y fosforescentes caballos marinos harán
una ronda a tu lado,
y los habitantes del agua van a jugar
pronto a tu lado.

Bájame la lámpara un poco más,
déjame que duerma, nodriza, en paz,
y si llama él, no le digas que estoy,
dile que Alfonsina no vuelve.
Y si llama él, no le digas nunca que estoy,
dí que me he ido.

Te vas, Alfonsina,
con tu soledad.
Qué poemas nuevos fuiste a buscar?
Una voz antigua de viento y de sal
te requiebra el alma,
y la está llevando,
y te vas hacia allá como en sueños,
dormida Alfonsina, vestida de mar.

Alfonsina und das Meer

Im weichen Sand, an den die Wellen schlagen,
wendet sich ihre kleine Spur nicht mehr um.
Ein einsamer Pfad aus Leid und Stille führte
bis in die Tiefen des Wassers,
ein einsamer Pfad aus stummen Leiden führte
bis in die Brandung.

Weiß Gott, welche Angst dich begleitete,
welch alten Schmerz deine Stimme verschwieg,
dass du dich niederlegtest, eingelullt vom
Gesang der Meeresmuscheln,
vom Lied, das in den dunklen Tiefen
des Meeres die Muschel singt.

So gehst du hin, Alfonsina,
mitsamt deiner Einsamkeit.
Welche neuen Verse gingst du suchen?
Eine uralte Stimme aus Wind und Salz
umschmeichelt dir die Seele
und trägt sie fort,
und du gehst dorthin wie im Traum,
schlafende Alfonsina, in Meer gekleidet.

Fünf kleine Meerjungfrauen geleiten dich
auf Wegen aus Algen und Korallen.
Und leuchtende Seepferdchen drehen
an deiner Seite ihre Runde,
und die Bewohner des Meeres spielen
schon bald an deiner Seite.

Dreh die Lampe noch etwas weiter herunter,
lass mich, Amme, in Frieden schlafen.
Und wenn er ruft, sag ihm nicht, dass ich da bin,
sag ihm, dass Alfonsina nicht zurückkommt.
Und wenn er ruft, sag ihm niemals, dass ich da bin,
sag, ich bin fort.

So gehst du hin, Alfonsina,
mitsamt deiner Einsamkeit.
Welche neuen Verse gingst du suchen?
Eine uralte Stimme aus Wind und Salz
umschmeichelt dir die Seele
und trägt sie fort,
und du gehst dorthin wie im Traum,
schlafende Alfonsina, in Meer gekleidet.

Alfonsina y el mar
Zamba

Music: Ariel Ramírez (1921–2010)
Lyrics: Félix César Luna
Arr.: Hugo C. de la Vega

Edition Peters 11425

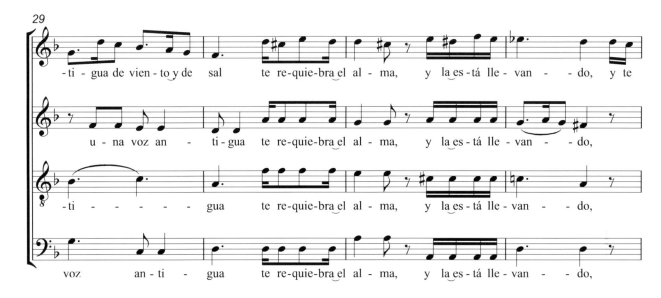

vas ha-cia a-llá co-mo en sue-ños, dor-mi-da Al-fon - si - na, ves - ti - da de mar.___

dum dum sue-ños, dor-mi-da Al-fon - si - na, ves - ti - da de mar.___

dum dum sue-ños, dor-mi-da Al-fon - si - na, ves - ti - da de mar.___

dum dum sue-ños, dor-mi-da Al-fon - si - na, ves - ti - da de mar.___

la la la la la la la la la la la la

la la la la la la la la la la la la la la la

la la la la la la la la la la la la la la la la

la la la la la la la la la la la la la la la la

la la la la___ la la la la la la la la.

la la la___ la la la la la la.___ Cin-co si - re -

la la la___ la la la la la la la la la la.___

la la la la la la la la la la la la.

Edition Peters 11425

78

al - ma, y la es-tá lle - van - - do, y te vas ha-cia a-llá co-mo en

al - ma, y la es-tá lle - van - - do, dum dum

al - ma, y la es-tá lle - van - - do, dum dum

al - ma, y la es-tá lle - van - - do, dum dum

81

sue - ños, dor - mi - da Al - fon - si - na, ves - ti - da de mar.

sue - ños, dor - mi - da Al - fon - si - na, ves - ti - da de mar.

sue - ños, dor - mi - da Al - fon - si - na, ves - ti - da de mar.

sue - ños, dor - mi - da Al - fon - si - na, ves - ti - da de mar.

14. Doña Ubensa Kaluyo

The *kaluyo*, like the *huayno* (known as *carnavalito* in Castilian Spanish), is a dance of the indigenous population in the Bolivian high plains. It is danced in a group that performs distinct choreographic figures, some as a full group and others in pairs. The 2/4 metre, marked by the percussion section and by the strumming of the string instruments, is made up of two four-note groups, with each beat comprising one long and two short values:

In the dance, the long note sees the dancers putting their weight on one foot for the long note, and bouncing their bodies on the same foot for the two short notes, so that they lean alternately from left to right with every beat of the music.

Doña Ubensa was composed by the Argentine author, composer and performer 'Chacho' Echenique (b. 1939), a member of the well-known Dúo Salteño, the ensemble used by the composer Gustavo 'Cuchi' Leguizamón for the premiere of many of his compositions.

This arrangement by Javier Zentner plays with the harmonization of the piece, presenting it in the Lydian mode.

El *kaluyo*, como el *huayno* (castellanizado como *carnavalito*), es una danza de las poblaciones originarias del altiplano en Bolivia. Se baila en grupo que forma distintas figuras coreográficas, algunas de conjunto y otras de pareja. El ritmo de dos tiempos, marcado por la percusión y el rasguido de los cordófonos, se encuadra en una métrica de 2 por 4, con cada tiempo subdividido en un valor largo y dos breves:

En la danza, el tiempo largo se corresponde con el apoyo del pie en la tierra, y los dos breves, con el rebote del cuerpo sobre ese pie, de modo que las/los bailarines van inclinándose alternativamente a izquierda y derecha siguiendo el ritmo de la música.

«Doña Ubensa» fue compuesta por el autor, compositor e intérprete argentino «Chacho» Echenique (n. 1939), integrante del Dúo Salteño, emblemático conjunto utilizado por el compositor Gustavo «Cuchi» Leguizamón como instrumento para el estreno de muchas de sus obras.

El arreglo de Javier Zentner se permite jugar aplicando a la armonización de la obra el modo lidio.

Der *Kaluyo* ist – ebenso wie der *Huayno* (hispanisiert als *Carnavalito* bezeichnet) – ein Tanz der Ureinwohner der bolivianischen Hochebene. Es handelt sich um einen Gruppentanz mit gemeinschaftlich oder paarweise ausgeführten choreografischen Figuren. Der 2/4-Takt, der von den Perkussionsinstrumenten und vom Schlagmuster der Saiteninstrumente vorgegeben wird, unterteilt sich in jeweils einen langen und zwei kurze Schläge pro Zählzeit:

Dieser Rhythmus wird tänzerisch so umgesetzt, dass der Fuß beim langen Schlag auf dem Boden ruht und der Körper sich bei den kurzen Schlägen mit dem gleichen Fuß federnd vom Boden abstößt, sodass die Tänzerinnen und Tänzer sich im Rhythmus der Zählzeiten von rechts nach links neigen.

Doña Ubensa wurde von dem argentinischen Autor, Komponisten und Interpreten „Chacho" Echenique (*1939) komponiert. Er war Mitglied des Dúo Salteño, eines richtungsweisenden Ensembles, dem der Komponist Gustavo „Cuchi" Leguizamón viele seiner Werke zur Uraufführung anvertraute.

Das Arrangement von Javier Zentner spielt mit der Harmonik des Werkes und überträgt es in einen lydischen Modus.

Doña Ubensa

I am crying on the inside
Although outwardly I laugh.
This is how I must live,
Waiting for my death.

I let the winds take the lead
Because I cannot fly
Until I pick up my caja*)
And begin to play the bagualas**).

My people are praying; what will they ask for
There in the Mountains of Charity?
They have no time left, they cannot go on.
They pray and pray – but why?

Sound-filled valleys of the stony desert
Where the wind blows from rock to rock,
Erasing the traces of my anguish;
My heart is pure silence.

As a precaution I make the sign of the cross,
Just in case God does exist
And sends me to hell
With all my little sheep.

I don't know if there is another world
Where the souls let out sighs.
I live on this earth,
Bustling about all day.

Doña Ubensa

Ando llorando pa' adentro
aunque me ría pa' afuera.
Así tengo yo que vivir
esperando a que me muera.

Le doy ventaja a los vientos
porque no puedo volar
hasta que agarro mi caja*)
y la empiezo a bagualear**).

Mi raza reza, ¿qué pedirá
allá en el monte de caridad?
No tiene tiempo, ya no da más.
Reza que reza, ¿porqué será?

Valles sonoros de pedregal,
piedra por piedra el viento va
borrando huellas a mi dolor,
silencio puro es mi corazón.

Me persigno por si acaso,
no vaya que Dios exista
y me lleve pa'l infierno
con todas mis ovejitas.

No sé si habrá otro mundo
donde las almas suspiran.
Yo vivo sobre la tierra,
trajinando todo el día.

Doña Ubensa

Innerlich weine ich,
auch wenn ich äußerlich lache.
So muss ich denn leben,
und warten, dass ich sterbe.

Ich lasse den Winden Vorsprung,
weil ich nicht fliegen kann,
bis ich meine Caja*) zur Hand nehme
und mit ihr die Bagualas**) anstimme.

Mein Volk betet; worum es wohl bittet
dort im Gebirge der Barmherzigkeit?
Es hat keine Zeit mehr, kann nicht mehr.
Es betet und betet – warum nur?

Klangerfüllte Steinwüstentäler,
von Stein zu Stein geht der Wind,
und verwischt die Spuren an meinem Schmerz,
reine Stille ist mein Herz.

Vorsorglich bekreuzige ich mich,
nicht dass Gott doch existiert
und mich in die Hölle schickt
mit all meinen Schäfchen.

Ich weiß nicht, ob es eine andere Welt gibt,
wo die Seelen seufzen.
Ich lebe auf dieser Erde
und eile den ganzen Tag umher.

*) caja = a small drum

**) bagualear = to play and sing the
baguala, a folk music genre from
Northern Argentina

*) caja = pequeño tambor

**) bagualear = tocar y cantar *bagualas*,
género folclórico del norte argentino

*) Caja = kleine Trommel

**) bagualear = *Bagualas* spielen und singen,
eine Volksmusikgattung des nördlichen
Argentiniens

Doña Ubensa

Kaluyo

Music and Lyrics: Nestor Salim
alias Gustavo 'Chacho' Echenique (b. 1939)
Arr.: Javier Zentner

Edition Peters 11425

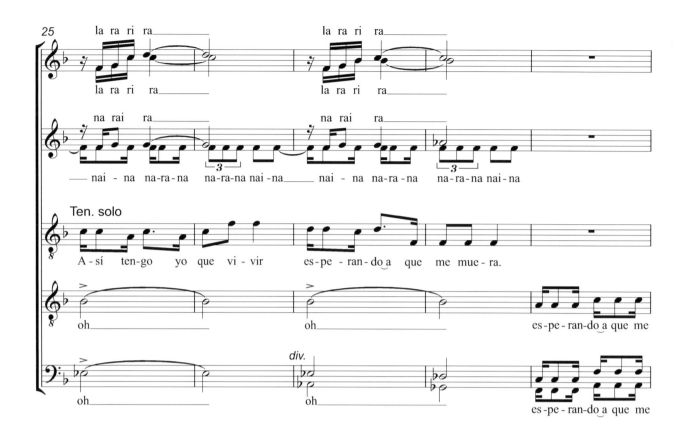

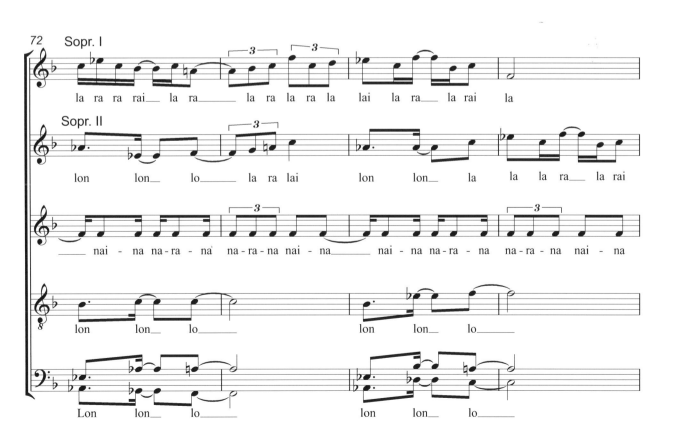

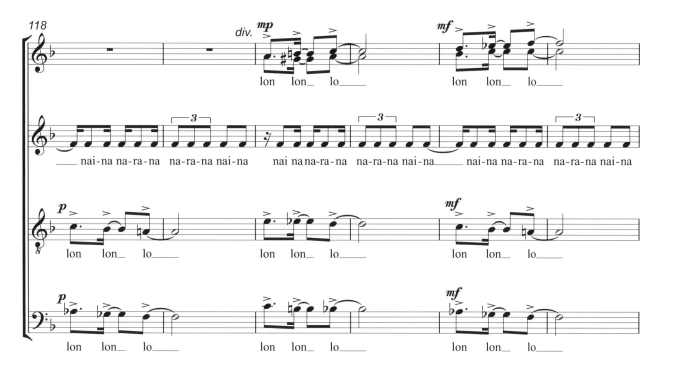

15. El último café Tango

El *último café* is one of the last of the very popular tangos. Written by the poet Cátulo Castillo (1906–1975) and the musician Héctor Stamponi (1816–1997) in the early 1960s, it harks back to the tradition of the tangos of the Golden Era (1930–1950), its lyrics describing the farewell between two lovers at the end of a relationship.

One of its most enduring renditions is that of the Uruguayan singer Julio Sosa, performed in 1963 with the orchestra of Leopoldo Federico. Curiously, this recording features an accompanying four-part choir.

The choral version included here is by Emilio Dublanc (1911–1999), who belongs to the first generation of composer-arrangers to include popular repertoire in their compositional work.

Ossia bars are used in this edition to show typical rhythmic variations that feature in authentic interpretations of *El último café*. They are based on the recording by GCC Grupo de Canto Coral de Buenos Aires under the direction of Néstor Andrenacci.

El último café» es uno de los últimos tangos de gran popularidad. Compuesto por el poeta Cátulo Castillo (1906–1975) y el músico Héctor Stamponi (1816–1997) en los inicios de la década del '60 del siglo pasado, retoma la tradición de los tangos de la «época de oro» (décadas del '30 al '50), refiriendo en su texto a la escena de despedida de un amor terminado.

Una de sus versiones más consistentes es la del cantor uruguayo Julio Sosa, realizada en 1963 con la orquesta de Leopoldo Federico. Curiosamente, esta grabación incluye la participación de un coro acompañante (de 4 voces).

La versión coral es de Emilio Dublanc (1911–1999), perteneciente a la primera generación de compositores/versionistas que incluyeron el repertorio popular dentro de su tarea compositiva.

Como ejemplo de una interpretación típica y auténtica la partitura incluye algunas variantes rítmicas en forma de compases «ossia», basados en la grabación del GCC Grupo de Canto Coral de Buenos Aires bajo la dirección de Néstor Andrenacci.

El *último café* ist einer der letzten berühmten Tangos aus den frühen 1960er-Jahren. Mit einem Text von Cátulo Castillo (1906–1975) und Musik von Héctor Stamponi (1816–1997) greift er die Tradition des „Goldenen Zeitalters" des Tangos der 1930er bis 1950er Jahre auf und beschreibt die Abschiedsszene einer beendeten Liebe.

Eine der beständigsten Interpretationen des Stückes ist die des uruguayischen Sängers Julio Sosa, die 1963 von Leopoldo Federico und seinem Orchester eingespielt wurde. Diese Aufnahme enthält interessanterweise einen vierstimmigen Begleitchor.

Die vorliegende Chorfassung stammt von Emilio Dublanc (1911–1999). Er gehört zur ersten Generation von Komponisten/ Arrangeuren, die das volkstümliche Repertoire in ihr kompositorisches Werk einbezogen.

Als Beispiel für eine typische, authentische Interpretation des Stückes sind in den Noten einige rhythmische Abweichungen als Ossia-Takte ergänzt. Sie beruhen auf der Aufnahme des GCC Grupo de Canto Coral de Buenos Aires unter der Leitung von Néstor Andrenacci.

The Last Cup of Coffee

The memory of you comes like a whirlwind ...
It returns at dusk in autumn ...
I gaze at the drizzle, and as I gaze
My spoon keeps stirring the coffee ...

The last coffee
That your lips coldly
Ordered on that day,
With a sigh in your voice ...

I remember your disdain,
I think of you for no reason,
I can hear you although you are not here:
"What we had is over",
You said by way of a farewell
Both sugar-sweet and bitter ...

Just like the coffee,
Just like love, like the act of forgetting,
Like the final frenzy
Of a rancour without reason ...

And there, in your ruthlessness,
I saw myself die standing up,
I took measure of your vanity
And then I understood
My groundless loneliness ...

It was raining, and I offered you
The last coffee.

El último café

Llega tu recuerdo en torbellino ...
Vuelve en el otoño a atardecer ...
Miro la garúa, y mientras miro,
gira la cuchara de café ...

Del último café
que tus labios con frío
pidieron esa vez
con la voz de un suspiro.

Recuerdo tu desdén,
te evoco sin razón,
te escucho sin que estés:
«Lo nuestro terminó»,
dijiste en un adiós
de azúcar y de hiel ...

Lo mismo que el café,
que el amor, que el olvido,
que el vértigo final
de un rencor sin porqué ...

Y allí con tu impiedad
me vi morir de pie,
medí tu vanidad
y entonces comprendí
mi soledad sin para qué ...

Llovía, y te ofrecí
el último café.

Der letzte Kaffee

Wie ein Sturmwind kommt die Erinnerung an dich ...
In der herbstlichen Dämmerung kehrt sie zurück ...
Ich blicke in den Niesel, und während ich blicke,
rührt der Löffel im Kaffee ...

Im letzten Kaffee,
den deine Lippen voller Kälte
damals bestellten,
ein Seufzen in der Stimme ...

Ich erinnere mich an deine Verachtung,
grundlos kommst du mir in den Sinn,
ich höre dich, ohne dass du hier wärst:
„Was zwischen uns war, ist vorbei",
sagtest du – ein Abschied,
der ebenso zuckersüß wie bitter war ...

Genau wie der Kaffee,
wie die Liebe, wie das Vergessen,
wie der letzte heftige Rausch
eines Grolls ohne Anlass ...

Und da, in deiner Unbarmherzigkeit,
sah ich mich stehend sterben,
vermaß deine Eitelkeit,
und endlich verstand ich
meine grundlose Einsamkeit ...

Es regnete, und ich bot dir
den letzten Kaffee an.

El último café

Tango

Music: Héctor Stamponi (1916–1997)
Lyrics: Ovidio Cátulo Gonzáles Castillo
Arr.: Emilio Dublanc

*) All ossia lines: as sung by GCC Grupo de Canto Coral de Buenos Aires (Dir.: Néstor Andrenacci). Lower voices *simile*.

Edition Peters 11425

16. Buenos Aires hora cero Tango

The tango *Buenos Aires hora cero* ('Buenos Aires hour zero') is one of the first compositions by Ástor Piazzolla (b. 1921 in Mar del Plata, d. 1992 in Buenos Aires) transcribed for choral performance.

The original work was recorded for the first time by Piazzolla's quintet (piano, violin, electric guitar, bandoneon, double bass) in 1963. It masterfully captures the nocturnal atmosphere of the city of Buenos Aires.

The conductor Néstor Zadoff, founder of the National Youth Choir of Argentina, presented this choral version at the end of the 1970s.

El tango «Buenos Aires hora cero» es una de las primeras composiciones de Ástor Piazzolla (Mar del Plata 1921 – Buenos Aires 1992) traducidas al lenguaje coral.

La obra original fue grabada por primera vez por su Quinteto (piano, violín, guitarra eléctrica, bandoneón, contrabajo) en 1963. Describe, de manera magistral, el clima nocturno de la ciudad de Buenos Aires.

El maestro Néstor Zadoff, fundador del Coro Nacional de Jóvenes en Argentina, presentó esta versión coral a fines de los años '70.

Der Tango *Buenos Aires hora cero* („Buenos Aires Stunde Null") ist eine der ersten Kompositionen von Ástor Piazzolla (*1921 in Mar del Plata, † 1992 in Buenos Aires), die als Chorsatz bearbeitet wurde.

Die Originalfassung des Werks wurde 1963 von seinem Quintett (Klavier, Violine, E-Gitarre, Bandoneon, Kontrabass) erstmalig eingespielt. Auf meisterliche Weise beschreibt sie die nächtliche Atmosphäre von Buenos Aires.

Der Chorleiter Néstor Zadoff, Gründer des Nationalen Jugendchores Argentiniens, legte Ende der 1970er Jahre diese Chorversion vor.

Edition Peters 11425

Buenos Aires hora cero

Tango

Music: Ástor Piazzolla (1921–1992)
Arr.: Néstor Zadoff

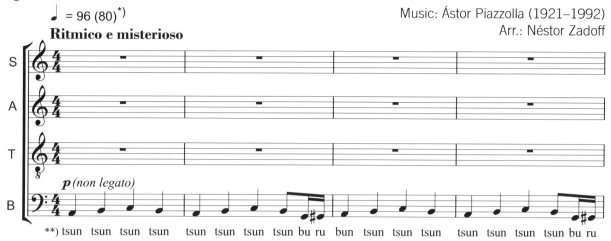

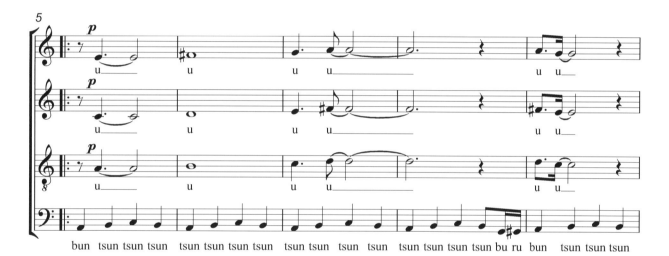

*) The metronome markings in brackets correspond to the tempi in the Ediciones GCC Edition.
**) tsun: always short vowel; go quickly to consonant

poco più

un poco più
(2nd time accel. al Coda)

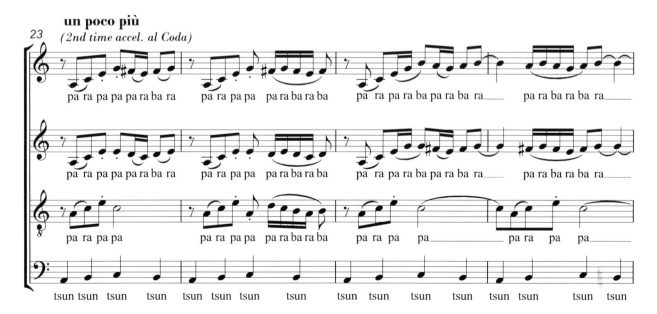

Second time: go to Coda (bar 62)

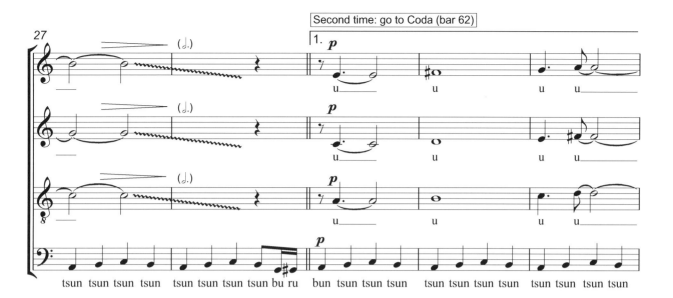

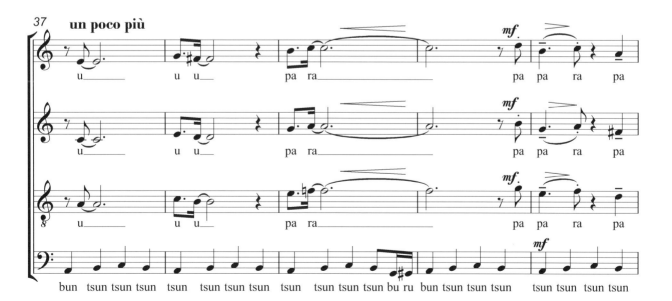

Edition Peters 11425

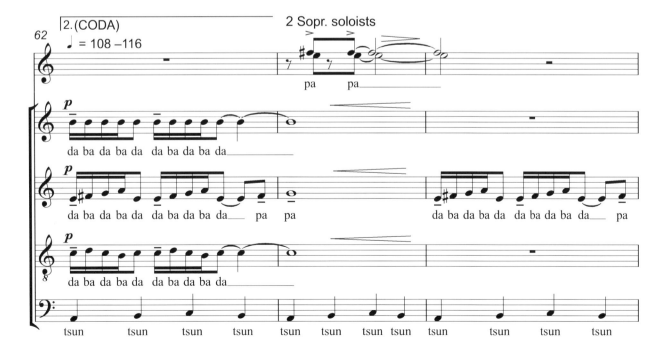

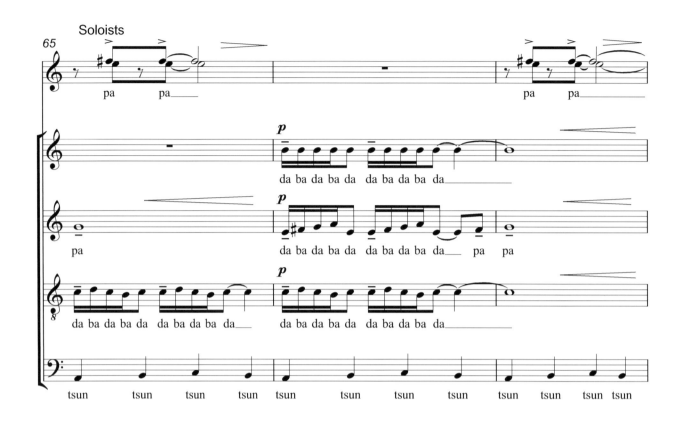

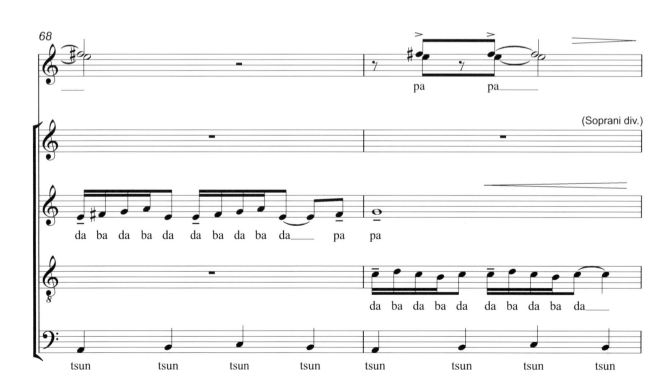

17. Invierno porteño   Tango

The Tango *Invierno porteño* ('Winter in Buenos Aires') belongs to the cycle *Las Estaciones Porteñas* ('The Seasons of Buenos Aires') composed by Ástor Piazzolla between 1965 and 1970. Although the composition was not initially programmatic, upon completing his 'Seasons', Piazzolla included it in his concerts as a suite. The reference to Antonio Vivaldi's *The Four Seasons* is evident from Piazzolla's use of compositional devices derived from the Southern Baroque.

The present 'orchestration for voices' was created by Javier Zentner in 2007 and is dedicated to the conductor Werner Pfaff and his choir Studio Vocale Karlsruhe, which premiered the piece in early 2008.

In Zentner's view, his adaptation of the instrumental compositions of Piazzolla for choir or vocal groups should be seen as a re-orchestration rather than as a re-creation. For this reason, the formal and harmonic structure of the original have been faithfully retained.

El tango «Invierno Porteño» pertenece al ciclo «Las Estaciones Porteñas», escrito por Ástor Piazzolla entre 1965 y 1970. Aunque la composición no fue programática en su inicio, al completarse «Las Cuatro Estaciones» Piazzolla las incluyó en sus conciertos como una suite. La referencia a «Las Cuatro Estaciones» de Antonio Vivaldi se refleja en algunos de los recursos compositivos utilizados por Piazzolla y que remiten al barroco meridional.

La presente «orquestación para voces» fue compuesta por Javier Zentner en 2007, especialmente dedicada al maestro Werner Pfaff y al coro Studio Vocale Karlsruhe, que la estrenó a comienzos de 2008.

En el criterio de Zentner, las composiciones instrumentales de Piazzolla, en su adaptación para coros o grupos vocales, deben ser encaradas más como una «re-orquestación» que como una re-creación. Por tal motivo, la estructura y el andamiento armónico son respetados de manera rigurosa.

Der Tango *Invierno porteño* („Winter in Buenos Aires") ist Teil des Zyklus *Las Estaciones Porteñas* („Die Jahreszeiten von Buenos Aires"), den Ástor Piazzolla zwischen 1965 und 1970 komponierte. Obwohl dieser Tango ursprünglich nicht als programmatisches Werk angelegt war, wurde er bei der Vollendung seiner „Vier Jahreszeiten" (*Las Cuatro Estaciones*) bei seinen Konzerten dem Werk als Suite beigefügt. Der Bezug zu Vivaldis *Vier Jahreszeiten* ist unverkennbar und zeigt sich in Piazzollas Verwendung kompositorischer Stilmittel der südlichen Barockmusik.

Die vorliegende „Instrumentierung für Singstimmen" wurde 2007 von Javier Zentner geschrieben. Sie ist Werner Pfaff und seinem Studio Vocale Karlsruhe gewidmet, die das Werk Anfang 2008 zur Uraufführung brachten.

Zentner möchte seine Bearbeitungen von Piazzollas Instrumentalkompositionen für Chor oder Vokalensemble eher als „Neu-Instrumentierungen" verstanden wissen denn als Neuschöpfungen. Aus diesem Grund wurden Aufbau und harmonischer Verlauf der Vorlage detailgetreu übernommen.

Invierno porteño

Music: Ástor Piazzolla (1921–1992)
Arr.: Javier Zentner

Edition Peters 11425

Edition Peters 11425

The Editors · Los editores · Die Herausgeber

Werner Pfaff

Werner Pfaff is director of the choir *Studio Vocale Karlsruhe*, which has won many prizes at international festivals and for its broadcasts and recordings. He has, for many years, explored the choral world of South America and, between 2004 and 2009, was artistic director of the International Choral Festival in Lima, Peru. He studied piano, composition, conducting, singing and musicology, and now leads workshops, acts as guest director for professional and non-professional choirs, and has been a jury member for several international choral competitions. His regular concert trips with Studio Vocale Karlsruhe to America Cantat and other festivals in Brazil, Argentina and Mexico, and his frequent invitations of South American choirs to Germany, mean he is very well connected with the Latin American choral scene.

***

Werner Pfaff es director del coro mixto «Studio Vocale Karlsruhe» con el que ha ganado numerosos premios en concursos y festivales internacionales y ha realizado producciones en radio y grabaciones de CDs. Desde 1989 viene descubriendo el mundo coral sudamericano. Entre 2004 y 2009 fue director artístico del «Festival Internacional de Coros de Lima - Perú». Werner Pfaff estudió piano y composición, canto y dirección, así como musicología. Ha sido director de talleres corales, director invitado para preparar coros profesionales y de aficionados, así como miembro del jurado de concursos internacionales. Sus giras corales con el «Studio Vocale Karlsruhe» a los festivales América Cantat en Argentina y México y otros festivales en Brasil, así como sus frecuentes invitaciones a coros sudamericanos a Alemania, han profundizado su excelente conexión con la escena coral latinoamericana.

***

Werner Pfaff ist Leiter des Chores *Studio Vocale Karlsruhe*, der bei internationalen Festivals sowie für Rundfunk- und CD-Produktionen mehrfach ausgezeichnet wurde. Seit 1989 beschäftigt er sich intensiv mit der Chorwelt Lateinamerikas und war 2004–2009 künstlerischer Leiter des Internationalen Chorfestivals in Lima, Peru. Werner Pfaff hat Klavier, Komposition, Dirigieren und Gesang sowie Musikwissenschaft studiert und ist regelmäßig als Leiter von Chorateliers, Gastdirigent von professionellen und Laien-Chören sowie als Jurymitglied bei internationalen Chorwettbewerben tätig. Dank häufiger Chorreisen mit Studio Vocale Karlsruhe zu America Cantat und anderen Festivals in Brasilien, Argentinien und Mexiko – und dank seiner wiederholten Einladungen von südamerikanischen Chören nach Deutschland – ist er hervorragend mit der lateinamerikanischen Chorszene vernetzt.

Javier Zentner

Javier Zentner is a composer, director, lecturer and singer, specializing in choral composition and arranging. He conducted, and was member of, a large number of vocal ensembles and has been guest director of the National Youth Choir of Buenos Aires. He leads choral workshops and courses on Argentinian choral music around the world and has been active in both academic and popular music: his choral arrangements of Argentinian folk and popular songs have been performed by numerous ensembles in Argentina and other countries. His recordings, for which he has acted both as director-arranger and as creative producer, are widely acclaimed nationally and internationally. He has received many honours and prizes for his work.

Javier Zentner es compositor, director musical, docente e intérprete, especializado en composiciones y arreglos para coro. Ha integrado y/o dirigido gran cantidad de agrupaciones corales y ha sido Director Invitado del Coro Nacional de Jóvenes de Buenos Aires. Zentner ha dictado talleres y seminarios sobre el lenguaje coral argentino en todo el mundo. Sus obras y versiones corales del cancionero folklórico y/o popular han sido interpretadas por numerosas agrupaciones en la Argentina y en el extranjero. Ha realizado numerosas grabaciones tanto como director/arreglador, como como productor artístico, habiendo merecido distinciones nacionales e internacionales por esos trabajos. Javier Zentner ha recibido, además, numerosos reconocimientos y premios por su producción artística.

***

Javier Zentner ist Komponist, Chorleiter, Dozent und Sänger und hat sich auf Chorkompositionen und -arrangements spezialisiert. Er war Leiter und Mitglied zahlreicher Chöre und Vokalensembles und wirkte u.a. als Gastdirigent des Nationalen Jugendchores von Buenos Aires. Zentner hat weltweit Workshops und Seminare zur argentinischen Chormusik abgehalten und war sowohl im klassisch-akademischen als auch volksmusikalischen Sektor aktiv: Seine Chorarrangements argentinischer Volks- und Popularmusik sind von zahlreichen Ensembles in Argentinien und anderen Ländern zu Gehör gebracht worden. Für die Aufnahmen seiner Werke wurde er national und international hoch gelobt – nicht nur als Dirigent und Arrangeur, sondern auch als künstlerischer Produzent. Sein Schaffen wurde vielfach ausgezeichnet.

Pronunciation Guide · Guía de pronunciación · Aussprachehilfe

Spanish Pronunciation	Pronunciación del Español	Aussprache des Spanischen

Word Stress / Acentuación / Betonung

In words ending with a vowel, -n or -s, the stress falls on the penultimate syllable.	*Discoteca, Carmen, Caminos*	Wörter, die mit Vokal, n oder s enden, werden auf der vorletzten Silbe betont.
In words ending with any other consonant, the stress falls on the last syllable.	*señor, Madrid, español*	Wörter, die mit anderen Konsonanten enden, werden auf der letzten Silbe betont.
In all words that do not follow these rules, the stressed syllable is marked by an accent on the vowel.	*Bogotá, alemán, túnel, teléfono, América*	Alle Wörter, deren Betonung von diesen Regeln abweicht, erhalten einen Akzent auf dem Vokal der betonten Silbe.

Vowels / Vocales / Vokale

a is as in *father* (only shorter); e as in *met*; o as in British English *top*; i like ee in *feet* (but shorter); u like oo in *boot* (but shorter)	*a, e, i, o, u*	Aussprache wie im Deutschen, jedoch a, e, o etwas offener, wie in *Sache, Essen, Wort*

Consonants / Consonantes / Konsonanten

at the start of a word: as in *bank* in the middle: softer, halfway between b and v	b	[b] [ß]	*Barcelona* *Iberia*	am Wortanfang wie b in *Bank* in der Wortmitte weicher, zwischen b und w
before e and i: as in *cent* (in Latin America), or like th in *thing* (in Spain), otherwise: as in *cup*	c	[s]/[ð] [k]	*Cecilia* *Colombia, Cuba*	in Lateinamerika: vor e, i wie ein scharfes s in *Lust*; in Spanien: gelispelt wie im engl. *thing*; sonst wie k in *Kasse*
as in *chance*	ch	[tʃ]	*Chile*	wie tsch in *Tschüss*
before e and i: like ch in Scottish *loch*, otherwise like g as in *good*	g	[x] [g]	*Gerona, Gibraltar* *Galicia, Granada*	vor e, i wie ch in *Sache*, sonst wie g in *gut*
silent (not pronounced)	h	[-]	*Honduras*	wird nicht ausgesprochen (stumm)
like ch in Scottish *loch*	j	[x]	*San José*	wie ch in *Sache*
like y in *yes*; in Argentina: like j in *joy*	ll	[j]/[dʒ]	*Mallorca*	wie j in *ja*; in Argentinien: wie j *in Jeans*
like gn in *cognac*	ñ	[n]	*España*	wie gn in *Cognac*
like c in *cup*	qu	[k]	*Quito, raqueta*	wie k in *Kasse*
rolled (with the tip of the tongue), particularly strongly at the start of a word and after l, n and s	r	[r] [rr]	*Perú, Ecuador* *Costa Rica, Enrique*	gerollt (mit der Zungenspitze); am Wortanfang und nach l, n, s stark gerollt
strongly rolled r	rr	[rr]	*Andorra*	stark gerollt
always voiceless, as in *soup*	s	[s]	*Santander, rosa*	immer stimmlos, wie in *Kiste*
at the start of a word: as in *bank* in the middle: softer, halfway between b and v	v	[b] [ß]	*Valencia* *televisión*	am Wortanfang wie b in *Bank*, in der Wortmitte weicher, zwischen b und w
as in *fix*, in some regions like s in *soup*	x	[(k)s]	*Extremadura*	wie ks, regional wie s
in Latin America: voiceless s as in *soup* in Spain: like th in *thing*	z	[s] / [ð]	*Zaragoza*	in Lateinamerika: wie ein scharfes s in *Lust*, in Spanien: gelispelt wie im engl. *thing*

Edition Peters 11424